MADAME JOSÉPHINE

Religieuse de l'Adoration perpétuelle du Sacré Cœur

ET SON ŒUVRE D'ÉDUCATION

VENDU AU PROFIT DES ŒUVRES

DE LA

CONGRÉGATION DES ENFANTS DE MARIE

Lyon. — Imprimerie Emmanuel VITTE

MADAME JOSÉPHINE

Religieuse de l'Adoration perpétuelle du Sacré Cœur

ET SON

ŒUVRE D'ÉDUCATION

PAR UNE ANCIENNE ÉLÈVE

LYON
Librairie générale Catholique et Classique
EMMANUEL VITTE, DIRECTEUR
Imprimeur-Libraire de l'Archevêché et des Facultés catholiques de Lyon
3, PLACE BELLECOUR, 3

1894

A MES COMPAGNES DU SACRÉ CŒUR

Ce livre vous est dédié. Vous avez témoigné le désir, à la mort de Madame Joséphine, que l'on vous retraçât cette existence consacrée à Dieu et à la jeunesse, les deux amours qui ont rempli son âme et sa vie. Vous vouliez aussi revoir cette Mère bien-aimée dans les œuvres que son grand cœur avait créées et vivifiées, et dans cet apostolat religieux qui, du cloître, a jeté une semence qu'il a plu à la Providence de multiplier et de faire mûrir.

Cette carrière, de quarante-cinq années d'enseignement, nous fournissait des détails pleins d'intérêt qui dépassaient la limite de nos biographies annuelles et, nous osons le dire, de nos faibles moyens; cependant, fidèles à sa mémoire, nous avons essayé de la suivre et aujourd'hui nous venons vous offrir cette notice. Nous espérons que vous reconnaîtrez celle qui cultiva vos âmes avec une incomparable sollicitude, celle qui fut l'institutrice et l'amie de nos jeunes an-

nées ; chacune aussi retrouvera ses souvenirs de pension et pourra se dire : J'étais là : j'ai goûté ces joies, j'ai tressailli à ces accents, j'ai ressenti cette ferveur !

O nos beaux jours du Sacré-Cœur, puissiez-vous renaître dans cette pieuse évocation ! Puissiez-vous renaître avec la fraîcheur de nos impressions, les douceurs de notre intimité familiale, l'essor de notre intelligence, les élans de notre courage, les ardeurs de notre foi ! S'il nous est permis de voir, avec vous, revivre les exemples et les précieuses leçons que nous avons reçues, nous viendrons en rendre hommage au divin Cœur de Jésus; nous le prierons de vouloir, par cette offrande, accorder à notre Mère chérie, à toutes celles qui, après l'avoir aidée, l'ont précédée dans l'immortelle patrie, un accroissement de gloire et de félicité et, par elles, de daigner nous bénir et nous protéger.

LETTRE DU R. P. MONFAT, S. M., A L'AUTEUR

MADEMOISELLE,

Avec quel intérêt j'ai lu les épreuves de la biographie que vous avez bien voulu me faire adresser! Mais je m'empresse d'ajouter que cet intérêt m'est venu, moins encore de la haute estime et du respectueux attachement qui me liaient depuis de si longues années à Madame Joséphine, que de la fidélité, aussi pleine d'édification que de charme, avec laquelle vous avez su faire revivre cette grande âme.

En lisant, bien souvent s'est réveillée en moi la parole d'un ancien, qu'il attribue à un peuple dont il entendait faire l'éloge : « Il est honorable à la femme de « pleurer ; à l'homme de se souvenir ! » Ainsi, aux siècles payens, nul, même parmi les esprits d'élite, n'a pressenti quelle trempe la religion chrétienne devait donner au caractère de la femme. Madame Joséphine en a été un exemple qu'il ne fallait pas laisser dans le demi-jour de la famille religieuse ; et personne ne pouvait mieux le mettre dans la lumière qui lui convient qu'une de ces élèves des premiers temps qu'elle a formées avec tant de bonheur, et, sans s'en douter, à son image.

On sent donc des larmes dans votre récit, ces larmes qui sont, je le veux bien, l'honneur de la femme ; mais le mâle souvenir n'en est pas troublé. Tous ceux qui ont connu votre si regrettée mère, Mademoiselle, vous rendront ce témoignage que vous nous l'avez bien donnée tout entière, en reproduisant les traits virils, non moins que les nuances délicates, de sa physionomie.

Au premier abord on l'aurait jugée surtout sensible, tant elle était prompte à distinguer les tendances, la nature, les besoins, des jeunes âmes et ardente à y compatir : mais quelle divination du remède et quelle sûreté de main à l'appliquer ! C'est que, pour elle, élever une enfant, ce n'était pas seulement, en ce qui concerne le cœur et la volonté, développer en elle de la tendresse pour Dieu et pour tous ceux qu'elle doit aimer. Assurément ces tendresses allaient trop bien à sa propre nature pour qu'elle n'aimât à les cultiver dans les autres. Mais elle voulait surtout inculquer dans les profondeurs de l'âme l'estime, le goût, j'allais dire, — votre livre en fournit plus d'une preuve — la passion du devoir.

Vous avez donc été bien avisée de nous redire ces paroles que ses élèves ne se lassaient pas plus d'entendre que leur maîtresse de répéter : « Il faut se vaincre, secouer l'inertie et l'ennui, habituer ses sens à supporter la fatigue, à ne pas se plaindre de la souffrance; il faut s'assujettir au travail quand il coûte, soutenir les efforts, parce que le travail est encore plus une vertu morale qu'une condition de succès pour les études — Il faut sortir de soi, et rompre cette couche glacée de l'égoïsme qui étouffe tout bien et ne laisse germer que la nature mauvaise; s'habituer à s'oublier pour les autres, à se gêner, à se priver, à se dévouer. A Dieu et pour Dieu, il faut tout donner : qui ne donne pas tout ne donne rien. Il faut craindre les illusions de l'amour-propre, mépriser et redouter ces éloges vains, souvent intéressés, toujours dangereux, dont le monde est prodigue; aimer la vérité, et par conséquent les réprimandes et les reproches..... »

Quel langage! Et ne va-t-on pas le trouver étrange en certains milieux trop déshabitués à l'entendre, où votre livre sera lu, où il faut qu'il soit lu? Milieux qui gardent le nom de chrétiens, mais sans paraître se rappeler ce qu'il signifie et ce qu'il prescrit. Là, faute d'avoir reçu les salutaires leçons que vous nous retracez, l'enfant va reculer devant le devoir dès qu'il impose des sacrifices et négliger la piété quand elle est une fois sevrée de la douceur des premiers temps. Hélas! et ce relâchement s'étend jusqu'au culte de la famille : trop accoutumé à n'y trouver que des visages complaisants, attentifs à éloigner du sien tout ce qui peut l'assombrir, quand vient le moment où les épreuves, inévitables tôt ou tard, attristeront, désoleront peut-être le foyer, voilà l'enfant désenchanté, dégoûté du présent, livré à l'ennui, et se forgeant à plaisir, au grand détriment de son âme, un horizon qu'il peuple des rêves dont on a trop laissé son adolescence se bercer.

Ce sera l'honneur de la génération d'élèves à laquelle vous appartenez, ma chère Enfant, d'avoir livré cordialement vos âmes à cette culture destinée à faire de chacune de vous « une femme forte ». Vous nous en donnez surtout la preuve dans cette correspondance des petits cahiers *que vous rappelez en accents émus au chapitre V. Madame Joséphine s'y montre pleine d'un zèle maternel aussi assidu qu'intelligent, qui, loin de se contenter des conseils une fois donnés, en suit les impressions en chacune et chaque jour. Mais aussi dans les élèves, quelle ouverture, quelle simplicité, quel amour de la vérité et quel désir sincère d'avancement !*

Il est vrai : à l'exemple de la Sagesse divine, « qui va ferme au but, mais par la suavité des moyens », Madame Joséphine, dirigée par une Supérieure et secondée par des compagnes qui n'avaient qu'un cœur et qu'une âme, s'entendait si bien à mettre le miel aux bords de la coupe de la vertu ! Comme elle vous a fait aimer ce pensionnat, école du devoir, mais aussi douce famille dont les mères savaient le faire goûter à leurs enfants ! C'est un charme de vous entendre décrire les fêtes de la chapelle et les joyeux congés, venant à leurs jours récompenser et ranimer la bonne volonté. La fête de Madame Joséphine, le 19 mars si vivement désiré, ne pouvait manquer d'avoir, on s'y attendait, une des plus belles de vos pages. Aussi nous laissons-nous volontiers transporter dans ce parterre où de charmantes petites fées faisaient éclore des pétunias sur des arbustes verts, ou bien semaient soudainement les allées de fleurs vives et colorées comme les visages, et riches de parfums comme les cœurs.

Oh ! vous avez bien raison : il est bon, à l'âge mûr, de laisser flotter quelquefois ses souvenirs sur les lieux et les temps où notre enfance a connu ces joies simples et pures que l'on goûte sans réserve et qui passent sans remords ; dont nos éducateurs entendaient bien d'ailleurs ne faire que l'appât et le condiment de l'effort. Il en est demeuré dans l'âme je ne sais quel arrière-goût suave et fortifiant qui a déprécié d'avance les joies troublées du monde, et comme une clarté sereine qui ne s'efface plus, même aux jours sombres, et qui donne la sécurité à l'avenir en attestant que la vie a su bien commencer.

Dans vos souvenirs vous ne pouviez oublier le prêtre selon le cœur de Dieu à qui est due, et fidèlement payée par vos mères, non moins que par vos compagnes, une légitime reconnaissance. Le nom de M. l'abbé Chirat sera toujours béni au monastère de « l'Adora-

tion perpétuelle » pour les services rendus pendant les années qui ont suivi la fondation. L'esprit délicat ne lui manquait pas plus que les qualités sacerdotales; et de gracieuses leçons données en vers ouvraient vos jeunes âmes aux enseignements de la doctrine et de la pratique religieuses. Grâce à sa haute direction et aux encouragements de Mère Marie, de sainte et douce mémoire, la jeune maîtresse, mûre avant les années, allait avec confiance dans la voie où ses instincts, si conformes aux règles et coutumes de l'institut qui l'avait adoptée, la conduisaient avec tant de succès.

Elle était là si bien à sa place, notre Joséphine de Jésus! On eût dit que le Maître avait créé pour elle « l'Adoration perpétuelle du Sacré Cœur », tant elle s'y trouvait à l'aise dans l'épanouissement de ce qu'elle avait de meilleur en goûts et en aspirations. Tout en elle, en effet, tournait à la prière, et c'est en priant qu'elle s'enflammait d'amour pour les âmes, surtout pour les âmes des enfants. En toute congrégation enseignante elle eût donc été à sa place; mais une des pratiques spéciales à son institut attirait surtout, reposait et fécondait, son cœur: l'Adoration. Assurément l'Office a, au Sacré-Cœur, son rang de privilège, puisque l'Eglise investit de sa propre délégation le religieux qui le récite. Mais il le récite en chœur, appuyé sur ses frères dont il compte que la ferveur réparera les défaillances de son attention. La religieuse adoratrice est à elle seule tout le chœur; elle représente l'institut au pied du « trône des grâces », sa ferveur sera sans doute la mesure de celles qui doivent se répandre en attendant l'heure de sa silencieuse immolation. En attachant à ses épaules la livrée sainte, ces ailes de feu qui l'enlèveront à la terre, elle s'est donc sentie responsable, mais aussi autorisée à tout oser sur le Cœur de Jésus. Dans la nuit surtout, quand ont cessé les derniers bruits de la grande ville, que le jour s'est éteint, laissant sa fonction à ces lampes mystérieuses qui apparaissent alors comme les premiers astres du ciel invisible où l'âme va prendre son vol, quel ne doit pas être l'élan de la prière, sa fixité, sa puissance, son efficacité!

Vous en avez reçu, Mademoiselle, des communications, dans « ces accents incomparables » que sa voix prenait en vous parlant de la sainte Eucharistie et en vous préparant à la Communion. Vous ajoutez: « L'émotion nous gagnait toutes; elle était indicible. » A moi aussi ces accents et cette émotion n'ont pas été inconnus. Dans nos entretiens, qui roulaient souvent sur cet objet de son unique amour, elle se laissait aller, se retenant cependant, par humilité sans doute. J'ai remarqué que ses expressions et ses tours variaient peu; mais les redites excluaient toute monotomie, tant la parole était vive, le ton sincère et profond, l'œil animé, l'attitude expressive.

La dévotion envers la sainte Eucharistie est inséparable de celle de la sainte Vierge. Vous ne pouviez manquer de nous livrer, entre autres preuves et secrets de l'amour filial de Mme Joséphine pour Elle, l'histoire de la « chapelle des Enfants de Marie » ; ce fut l'objet de ses meilleures complaisances et la cause de ses joies les plus intimes qu'elle a conservées si vives, plus même peut-être, à mesure qu'elle approchait de la fin. Son amour pour la divine Mère, et son goût pour tout ce qui tient à son culte, laissez-moi, ma chère Enfant, vous apprendre qu'elle aimait à l'attribuer à sa tante Madeleine : bonne et sainte fille qui avait peu de littérature, surtout de celle dont le prophète a dit « qu'elle empêche de pénétrer les puissances du Seigneur » ; mais quelle foi, quelle paix dans sa modeste condition, quel oubli d'elle-même, quel dévouement au prochain, quelle piété naïve, surtout envers la sainte Vierge !

Elle ne laissait à personne le soin de balayer, d'épousseter, de faire briller, sa chapelle dans l'église de la paroisse natale, et d'orner le rétable et l'autel ; et quand, à la veille de ses fêtes, elle avait mis dehors les fleurs, les couronnes, les candélabres reluisants et scintillants, garnis du luminaire dont elle faisait en ville une quête abondante, elle se prosternait, devenue tout yeux pour admirer, et tout cœur pour aimer la divine Mère, ainsi glorieuse en sa parure d'or.

Une fois, c'était pendant les jours troublés de 1848

et 1849, on avait dû fermer pour un temps le monastère, et sœur Joséphine était allée s'abriter pour quelques semaines dans sa famille; elle ne quittait jamais tante Madeleine, surtout dans ses visites à l'église et dans le service de la bien-aimée chapelle. Or, la veille de l'Assomption, le travail de Marthe venait de finir, et l'une et l'autre, les yeux fixes mais enflammés, se reposaient, comme l'autre sœur, dans la contemplation. Un jeune prêtre était entré dans l'église sans bruit; il resta longtemps dans la muette admiration de cette scène. Et quelles douces larmes remplirent ses yeux, quand il entendit Madeleine s'écrier sans pouvoir se contenir : « O notre bonne Mère, êtes-vous plus belle dans votre ciel? »

C'est en ce double foyer du Cœur de Jésus et du Cœur de Marie que, dans ses prières, surtout dans ses heures toujours désirées d'adoration, notre sainte religieuse puisait ses secrets d'influence et d'action pour former le cœur et la volonté de ses élèves; mais elle était loin de négliger la culture de l'esprit. Un institut de l'importance du Sacré-Cœur, qui obtint dès le commencement, et qui a conservé toujours croissante, la faveur des meilleures familles, ne pouvait manquer de faire leur bonne place aux lettres, aux arts, aux sciences, dont toute jeune fille bien élevée doit avoir des notions, d'ailleurs plus ou moins profondes, plus ou moins étendues, selon le sujet et la condition. On eut bientôt deviné, autour de la jeune religieuse, ses rares aptitudes et, après quelques années données aux classes inférieures, elle fut chargée de la direction des études. Conquérir les brevets exigés par la loi de 1850, ce fut un jeu pour elle ; avec même facilité, elle s'appliqua à tenir la maison au niveau des programmes imposés par l'université d'Etat. Elle y mit, dès ce moment et toujours, tant d'intelligence et de goût, qu'elle gagna l'estime des inspecteurs; et tous, les uns après les autres, ne cessèrent de la traiter avec une respectueuse et profonde confiance.

Ce n'est pas que Mme Joséphine fît ses délices de ce système d'enseignement dont on s'est engoué en France, comme on le fait si vite, hélas! de tout ce qui émane de l'initiative de l'Etat, que ce soit, ou non, de sa compétence. Elle voyait trop bien que ce système n'est pas de nature à élever, *et qu'à moins que les maîtres n'aient à cœur d'en réparer les lacunes et d'en gouverner sagement les objets si complexes, il ne saurait produire de vrais bons élèves. Des accumulations de règles, de faits, de dates, de notions, selon des cadres sans cesse modifiés et élargis, écrasent la mémoire, l'hypertrophient en quelque sorte, sans l'enrichir, et livrent à une sorte d'anémie les facultés maîtresses, la réflexion, le jugement, le tact, le bon sens. Tout cela prend trop sur le temps qui serait nécessaire pour en faire une heureuse culture, et la liberté d'esprit en est encom-*

brée. Les bagatelles de la porte, si j'ose ainsi dire, ont tout absorbé à leur profit.

Parfaitement équilibrée dans ses propres facultés, Mme Joséphine n'oubliait jamais que « Il y a un ordre dans les choses, par où l'univers ressemble à Dieu », et que cet ordre doit avant tout éclater dans l'âme. Sa fonction est d'en régler les multiples puissances dans l'unité, de les mouvoir de manière à développer l'esprit pour le cœur, comme le cœur pour la vertu ; dans l'esprit, les facultés inférieures, la mémoire, par exemple, pour la raison, qui a charge de gouverner la volonté ; dans la volonté, tout pour la sagesse qui est le terme de la vie humaine. C'est ainsi que se parfait lentement, mais sûrement, la ressemblance de l'âme avec Dieu, qui est sa gloire nécessaire et suprême et sa dernière fin. Là est tout le secret de l'enseignement et de l'éducation ; et notre directrice bien inspirée estimait, avec Pascal, que tout ce qui se fait en dehors de ces hautes vues et de cette destination dernière « ne saurait valoir une heure de peine. »

Aussi se plaignait-elle, comme vous l'avez dit, Mademoiselle, de se trouver entravée dans l'impulsion qu'elle entendait donner aux études d'ordre supérieur, à celles qui aident et qui complètent la véritable éducation. Elle se gardait donc de pousser les élèves à la poursuite des brevets ; toujours empressée cependant à céder aux désirs des familles qui peuvent avoir leurs raisons de les imposer à leurs enfants. Elle donnait alors modestement les siennes; et ses conseils avaient d'autant plus de poids qu'on les savait tout désintéressés, le succès manquant rarement de couronner les préparations qu'elle savait si bien diriger.

Mais l'émulation, ce nerf du travail, n'allait-elle pas y perdre? Vous avez répondu à cette objection par votre chapitre VIII, où vous signalez entre autres moyens les Séances académiques. *Votre bien-aimée maîtresse avait eu, en effet, l'idée de fonder une association des meilleures élèves travaillant à des sujets hors classe, de leur choix, d'un genre toujours noble et le plus souvent pratique; puis se corrigeant l'une l'autre sous sa direction. Ces luttes de composition et de critique entre égaux ne sauraient remplacer l'enseignement direct; mais elles en sont un auxiliaire précieux. Elles excitent l'esprit d'initiative, une rivalité courtoise, un sentiment d'honneur, où le génie naturel trouve de la fertilité et du ressort..*

Les séances académiques eurent un grand succès; mais elles ne gardèrent pas ce nom longtemps. Mme *Joséphine le trouva-t-elle un peu ambitieux, inquiétant pour cette vertu de modestie qu'elle possédait si bien et dont elle était jalouse de pénétrer ses élèves? Cependant, ce n'était que l'*ACADÉMIE DU MODESTE SAVOIR*; et l'académicienne présidente n'avait pas manqué, dans le « discours d'ouverture », de déclarer que cette association n'était « qu'une faible image des doctes* *assemblées qui portent ce nom dans l'histoire » ; que, parmi les jeunes aspirantes, nulle « ne devait ambitionner la couronne d'or des jeux olympiques » ; ajoutant délicieusement que « les suffrages d'une maîtresse chérie suffiraient à les récompenser ». Malgré tout cela, le nom fut changé en celui de « séances littéraires ». Elles ont duré et ont fait grand honneur aux élèves qui méritèrent, depuis l'origine, d'y lire leurs compositions ou d'y donner des débits de choix. Elles durent encore avec même profit et même modeste éclat ; et les habitués qui ont suivi, depuis plusieurs années, ces gracieux tournois de compositions, de poésies, de débits et de chants, s'accordent à dire que rien n'a dégénéré dans cette institution de Mme Joséphine.*

Vous ne pourriez achever votre tâche filiale, Mademoiselle, sans consacrer quelques pages aux « vertus religieuses » de votre bien-aimée Mère. Obligée à vous borner, vous vous êtes attachée à en montrer la source dans cette prière habituelle, qui la tenait en communication incessante avec Dieu. En effet, j'ai vu rarement une âme aussi constamment et pleinement occupée de sa pensée.

*En parlant de la foi ardente des âmes éprises de la sainte Eucharistie, l'*Imitation *dit qu'on peut y voir une preuve de la présence réelle de Notre-Seigneur* *sous ces voiles de son amour. Plus d'une fois aux yeux de ses élèves, et sans doute encore plus souvent aux yeux de ses sœurs, notre fervente adoratrice a dû fournir cette preuve, reflétant sensiblement sur son visage et dans son attitude le soleil secret de l'Hostie. Or, je me suis dit nombre de fois, en causant avec elle, qu'il faudrait étendre cet argument silencieux, mais pénétrant, aux relations de cette âme d'élite avec le Dieu invisible qui peuple l'immensité de sa présence.*

Je la trouvais toujours si empressée à l'interroger dans ses doutes, à lui confier ses angoisses, l'œil tour à tour élevé vers le ciel, sa persévérante orientation, ou replié sur son âme et fermé pour le mieux voir ! On eût dit qu'il lui était sensiblement présent, comme saint Paul l'affirme de Moïse. Mais surtout quelle prompte soumission à sa volonté, quelle résignation douce, quelle plénitude d'abandon ! On peut bien dire que cette vertu, qui est l'achèvement comme elle est l'inspiration de toutes les autres, a été la marque distinctive de sa physionomie spirituelle.

Ils sont nombreux les mauvais jours que la malice de notre siècle a faits aux congrégations religieuses ; personne plus que Mère Joséphine n'a ressenti les souffrances de celle à laquelle elle s'estimait si heureuse d'appartenir, et qu'elle « aima jusqu'à la folie », comme elle prenait plaisir à le dire. Ses joies et ses peines personnelles ne semblaient qu'effleurer son âme ;

celles de sa communauté l'atteignaient jusqu'en ses profondeurs. Mais, dans la bonne et dans la mauvaise fortune, le FIAT *était toujours l'expression de ses sentiments intimes ; c'était en celle-là son cri de reconnaissance et la sanctification de son bonheur, comme en celle-ci, son acquiescement et sa consolation.*

De là cette égalité d'âme qui l'a tenue toujours semblable à elle-même ; avec les nuances de l'âge, sa vertu se montre non seulement de même fond, mais aussi de même caractère. L'ardeur un peu exubérante des premières années se laissait déjà maîtriser par la raison et entièrement gouverner par le conseil ; et, à la maturité, aux jours même de la vieillesse, n'a cessé de se faire sentir à tous la virginale jeunesse de son cœur.

Hélas! la fin approchait. Elle s'y attendait et se tenait prête ; autour d'elle, on en écartait la pensée. On s'était fait de la voir et de l'entendre une de ces habitudes bénies qui semblent ne devoir être jamais interrompues. Cependant sa vie et ses mérites suivirent leur cours selon la loi « du Sentier des justes, qui, pareil à la lumière resplendissante, avance et croît jusqu'à la perfection du jour ». Il n'est pas nécessaire d'avoir une longue expérience des âmes saintes pour savoir que Dieu aime à les détacher, comme pour rendre leur marche plus légère et plus ferme à mesure qu'elles s'approchent de lui. Joséphine de Jésus, de Jésus dépouillé de tout avant sa mort jusqu'à son dernier vêtement, avait trop à cœur de lui être ressemblante pour ne pas se prêter à cette miséricordieuse volonté. C'est donc avec une entière résignation qu'elle laissa la souffrance miner ses jours, affaiblir ses organes, et l'arracher ainsi peu à peu aux services de son long et fructueux dévouement, il faudrait dire, à tout ce qu'elle aimait encore sur la terre. Elle quitta la cellule qu'elle occupait depuis plus de quarante ans, et ayant obtenu de choisir, pour s'établir dans celle qui lui fut assignée, le 8 septembre 1893, elle déclara, comme vous l'avez si à propos répété, « qu'elle entendait naître à une nouvelle vie en ce jour de la naissance de sa divine Mère ». Dès ce moment, l'abandon qui résume et couronne tout fut presque son unique exercice; on vous saura le meilleur gré, ma chère Enfant, d'avoir recueilli l'acte exemplaire qu'elle se plut à en répéter chaque jour.

Cette nouvelle naissance allait être pour elle, à trop bref délai, celle dont l'Eglise applique le nom à la mort de ses martyrs et de ses vierges. Elle eut encore quelques joies; je n'oublierai jamais avec quels transports elle me communiqua celle de la fondation des « Conférences sur l'Ecriture sainte », dont les talents et l'esprit de piété du prêtre qui devait les présider, lui faisaient tout espérer pour la persévérance de ses chères Enfants de Marie. Il ne vous restait plus qu'à faire le récit de ses deux derniers jours et de sa mort; il ne me reste, à moi, qu'à sentir, à pleurer, à admirer et prier avec vous.

Ne quittons pas cependant sa couche funèbre sans adorer et bénir ce Jésus tant aimé qui, par une sorte de miracle, daigna ranimer, au moment d'expirer, sa Joséphine fidèle, pour lui faire la grâce suprême, si bien méritée, de la dernière communion. Ce qu'elle devint dans la mort, sous l'influence de la visite divine, puis le triomphe de ses funérailles, vous l'avez dit en des pages inimitables, que vos compagnes reliront en les arrosant des larmes les plus douces qu'il soit possible de répandre.

Vous avez jeté, comme « des fleurs sur sa tombe », l'expression des sentiments de respectueuse admiration, de reconnaissance vive, d'estime et d'affection vraiment filiales dont vos compagnes vous ont de toute part envoyé pour elle le témoignage. Qu'ils sont sincères, tendres et profonds! et comme ils justifient les vôtres qui palpitent tout le long de votre livre, mais jamais plus pénétrants qu'à la fin ! Elles ne sont donc pas des illusions, ces perspectives que vous nous avez ouvertes sur les portiques célestes envoyant des phalanges à la rencontre d'une fille, d'une sœur, d'une mère, qui les aida à mériter ou à embellir leurs couronnes.

Les nôtres, Mademoiselle, celles où nous aspirons,

cette riche gerbe de vos souvenirs, soyez-en persuadée, nous animera à nous en rendre dignes.

Avec cette assurance, veuillez agréer celle de ma reconnaissance et du respectueux attachement que je vous ai voué dans le cœur de Jésus.

A. MONFAT, S. M.

Sainte-Foy, en la fête de saint Joachim, 19 août 1894.

CHAPITRE PREMIER

JEUNESSE — ÉDUCATION — VOCATION RELIGIEUSE

QUAND on remonte la vallée de la Saône, charmé d'abord par des sites gracieux et verdoyants, l'on voit peu à peu l'horizon s'agrandir ; de longues lignes de montagnes, légèrement ondulées, se profilent au loin, pendant que, sur les rives, les accidents du paysage deviennent rares et plus uniformes. On aperçoit alors, sur la rive gauche, à 25 kilomètres de Lyon, une ville étagée en amphithéâtre ; le sommet en est couronné par des tours antiques et les maisons, adossées à la colline, se mirent dans les eaux paisibles de la rivière.

C'est la petite ville de Trévoux, chef-lieu d'arrondissement du département de l'Ain, ancienne capitale de la principauté des Dombes.

C'est là que, le 17 mars 1823, naquit Marie Billandon, qui, un jour, devait être Mme Joséphine. Elle était la troisième d'une famille de huit enfants, trois filles et cinq garçons. D'une complexion frêle, d'un caractère doux, naturellement sensible, elle aurait eu besoin de caresses et elle en trouva peu dans son enfance. Son père avait pour elle une véritable tendresse, mais il était occupé aux travaux de son négoce.

A l'âge de dix ans, Marie fit sa première communion ; puis, un mois ou deux après, entra au pensionnat de Parcieux, village situé à une heure de Trévoux. Ce même établissement, peu après l'entrée de l'enfant, fut transféré à Montanay, près de Neuville-sur-Saône. Il avait alors pour directrice Mlle Myèvre dont le savoir et le talent développèrent sans peine les heureuses dispositions d'une nature tout à la fois énergique et docile. Plus tard, cette institutrice éclairée est devenue l'amie de son élève et l'instrument intelligent des desseins de la Providence.

La jeune enfant donnait déjà des preuves d'une piété sincère. Assistait-elle à la messe à la paroisse, elle y était remarquée par sa modestie et son recueillement ; les paysans murmuraient tout bas : « M. le curé en fera une religieuse. » On eût dit en effet un ange.

Gaie et gentille, elle prenait part avec entrain aux jeux de son âge ; bonne avec ses compagnes, elle n'était jamais mêlée à ces petites cabales qui se forment quelquefois entre les pensionnaires.

A l'étude, Marie était appliquée et sérieuse ; son

travail était lent, mais sûr ; elle se pénétrait des sciences et se les assimilait laborieusement. Son amour pour l'étude et sa volonté triomphaient des obstacles ; elle en eut à vaincre de réels. Ainsi une difficulté naturelle, une sorte de bredouillement, rendait son débit inintelligible ; par des exercices répétés, elle parvint à corriger ce défaut et elle acquit cette prononciation parfaite qui donnait plus tard tant de charme à sa lecture et à ses leçons.

A l'âge de 15 ans, ayant terminé son cours supérieur, elle rentra sous le toit paternel. Là, au milieu d'épreuves de tous genres, elle écrivait souvent à Mlle Myèvre pour la supplier de la rappeler au pensionnat. Sur ses instances, la bienveillante directrice fit savoir à la mère de Marie qu'ayant reconnu dans sa fille une intelligence et des aptitudes spéciales, elle désirait la former à l'enseignement par de plus complètes études.

L'offre fut acceptée, Mlle Billandon rentra à Montanay, où elle passa trois ans en qualité de sous-maîtresse. Elle eut la direction d'une classe et, dans cette charge, se fit remarquer par sa précision, son impartialité. Ses élèves louèrent toujours le tact et le savoir-faire avec lequel elle savait tenir en respect son petit monde, éveiller son attention et, tout en obtenant des progrès dans l'étude, lui inculquer une piété droite et un tendre amour pour Jésus-Christ.

L'une de ces pensionnaires ressentit pour Mlle Billandon une vive sympathie ; le sentiment était réciproque et toutes deux en ont gardé le parfum jusqu'à la fin de leur vie.

Voici les souvenirs livrés par cette fidèle amie, aujourd'hui religieuse bénédictine :

« Il m'est doux de payer un tribut d'affection à celle que j'ai aimée comme une sœur. Elle me précéda de quelques années à Montanay et elle voulut bien m'habituer, lorsque j'y entrai pensionnaire en 1838. Il me serait difficile de dire ses prévenances, sa bonté, l'affabilité de son caractère, la maturité de son jugement, sa piété ouverte et communicative.

« C'était une nature généreuse, née pour faire le bien. Il y avait au pensionnat une enfant dont on ne pouvait rien faire et qui lassait la patience de toutes les maîtresses. On eut l'heureuse inspiration de la confier à la jeune institutrice ; celle-ci sut si bien gagner son cœur, qu'aidée de la prière et de la grâce, elle la transforma complètement et la prépara, dans d'admirables dispositions, à faire sa première communion. Dès lors, cette enfant ne cessa jamais d'être sage.

« Cette amie m'a appris le recours à la prière, la foi en sa puissance et ses avantages : quand nous avions dit : « Nous prierons », tout nous paraissait gagné ; il nous semblait que Dieu ne devait rien nous refuser.

« Sa dévotion à la sainte Vierge et à saint Joseph

était touchante. Ce grand saint lui a souvent obtenu des faveurs signalées et je ne suis pas étonnée que, lors de sa prise d'habit, elle ait voulu se placer sous son patronage en prenant son nom qu'elle a vraiment honoré.

« Mlle Billandon passait une partie de ses vacances dans ma famille : c'était une fête pour tous que son séjour parmi nous. Mon père se plaisait à sa conversation pleine de bon sens et d'esprit ; sa sagesse et sa gaîté ravissaient ma mère.

« Ce fut surtout après son retour au pensionnat comme sous-maîtresse que nos causeries nous rendaient heureuses toutes deux. Cette intimité nous portait si bien à Dieu !

« Mme Joséphine y faisait allusion dans une lettre qu'elle m'écrivait le 21 décembre 1891 ; en voici quelques fragments :

« Faut-il vous dire combien vos lignes ont fait
« vibrer mon âme et ravivé la sainte amitié de nos
« jeunes années ? Quels doux souvenirs ! Que d'encou-
« ragements nous échangions au bien, au meilleur,
« visant toujours au parfait ! Cet heureux temps, je
« ne puis l'oublier. »

« Quand elle eut atteint 19 ou 20 ans, Mlle Billandon fut sollicitée d'accepter dans le monde une position honorable et avantageuse ; mais elle n'eut pas un instant d'hésitation, son cœur était à Jésus sans retour et sans partage. »

Ce désir de vie religieuse, elle l'avait confié également à Mlle Myèvre qui lui fit connaître mère Marie de Jésus, supérieure au couvent de l'Adoration perpétuelle du Sacré Cœur, aux Chartreux. La pieuse jeune fille entrevit dans cette communauté la réalisation de ses projets de vie cachée, de prière, de dévouement. Elle s'en ouvrit aussi à son père ; mais M. Billandon manifesta une telle douleur à la pensée de voir sa fille s'éloigner, que l'enfant si chère dut retarder l'exécution de ses desseins.

Elle rentra donc dans sa famille et, pendant quatre ans, elle fut tout occupée d'assister et d'aider ses parents, d'instruire et d'élever ses jeunes frères. Ses meilleurs moments, elle les passait auprès d'une pieuse tante qui habitait à proximité. C'est là qu'elle épanchait les ardeurs de son âme ; toutes deux ensemble visitaient les pauvres, priaient et se plaisaient à orner la chapelle de la très sainte Vierge.

M. Billandon avait à son service deux bergers, dont l'un était encore un enfant. Mlle Marie, animée de ce zèle actif dont la suite de sa vie nous montrera tant de preuves, leur faisait le catéchisme ; elle y mettait une telle bonté qu'ils étaient heureux de l'écouter et de s'instruire à son école. Lorsqu'elle dut quitter la maison paternelle pour entrer au couvent, tous deux vinrent lui dire adieu en pleurant ; elle fut si touchée qu'elle aussi ne put retenir ses larmes.

Le village d'Ars, célèbre par son saint curé, n'est qu'à

une grande lieue de Trévoux ; il était donc facile à Mlle Billandon de faire ce pèlerinage déjà fréquenté par les foules. Quel charme elle trouva dans ces catéchismes, éloquents dans leur forme naïve, d'une piquante originalité, d'où on remportait de cette simple parole : « Aimons bien le bon Dieu ! » une si profonde impression. Ayant eu l'occasion de lui dire qu'elle voulait entrer au couvent de l'Adoration perpétuelle : « Oui, ma fille, lui répondit le vénérable prêtre, éclairé de lumières surnaturelles, allez dans cette maison : il y a là de saintes âmes. »

Mlle Billandon avait atteint l'âge de 24 ans, lorsque sonna l'heure de la séparation. La volonté divine se manifestait clairement ; les difficultés semblaient disparaître et, sous l'impulsion de la grâce, un attrait puissant la portait à la vie religieuse.

Fidèle à répondre à l'appel de l'Epoux divin, elle rompit les liens qui la rattachaient à sa famille. Elle fut héroïque dans cet acte suprême. Mais, au moment de partir pour Lyon, elle s'approcha de son père bien-aimé pour lui donner le baiser d'adieu, il n'eut pas le courage de le recevoir et il détourna son visage en larmes. Elle sentit qu'elle avait déchiré le cœur paternel ; elle jeta un cri vers le ciel et, l'âme brisée, s'éloigna pour toujours de ce toit mille fois chéri...

La victime avait consommé son premier sacrifice.

CHAPITRE II

LA CONGRÉGATION DE L'ADORATION PERPÉTUELLE DU SACRÉ CŒUR. — NOVICIAT ET PROFESSION RELIGIEUSE.

Au commencement de notre siècle, la dévotion au Sacré Cœur de Jésus commença à briller d'un éclat qui devait croître toujours jusqu'au moment où l'humble religieuse de Paray-le-Monial reçut les honneurs de la béatification. Ce culte, de révélation divine, était prédestiné pour faire lever des légions de vierges et de nombreuses et ferventes communautés.

Dans le nombre, une âme reçut, par une illumination providentielle, la mission de former une de ces gardes d'honneur dont la prière serait l'arme puissante. C'était Mme de Choussy de Grand-Pré, originaire de Lagnieu (Ain), dépendant alors du diocèse de Lyon. Devenue veuve à l'âge de trente ans, elle résolut de se donner toute à Dieu. Cette pieuse dame avait pour directeur M. l'abbé Furnion, alors vicaire de la paroisse de Lagnieu, prêtre zélé à qui le ciel avait inspiré la pensée de fonder une communauté à la gloire du Sacré Cœur de Jésus. Quand il connut les trésors de grâces que renfermait l'âme de Mme de Choussy, il se sentit porté à lui faire part de son projet, et elle l'accueillit d'autant plus favorablement qu'elle avait conçu dans l'oraison, des désirs semblables.

L'abbé Furnion fut successivement curé de Corcelles et de Cerdon. Il occupait ce dernier poste, lorsque M. Bochard, vicaire général de Lyon, l'appela à faire partie de la nouvelle Société des Missionnaires du diocèse, établie dans un des bâtiments occupés avant la Révolution par les Pères chartreux.

Il était aussi dans les desseins de Dieu que la prière des fils de saint Bruno, interrompue par les orages révolutionnaires, fût continuée par des vierges consacrées d'une vocation spéciale, à l'adoration du Cœur outragé du Sauveur. Mme de Choussy, que l'abbé Furnion dirigeait par correspondance, prit donc, sur son invitation, le chemin de la sainte solitude. Elle eut d'abord pour habitation une ancienne cellule des moines qu'elle partagea avec les premières Mères du nouvel institut : c'était en 1820.

Sur une des collines qui dominent Lyon, en face de la montagne de Fourvière et des coteaux verdoyants qui l'entourent, à proximité de la grande ville et cependant assez loin pour que les bruits d'une cité industrielle ne troublent pas les méditations de ces âmes contemplatives : Dieu avait préparé un sol propice à recevoir le germe de sainteté qui devait produire une si riche moisson.

Le 24 janvier 1824, la congrégation était approuvée par Mgr de Pins, administrateur apostolique du diocèse pendant l'exil du cardinal Fesch.

La vénérée fondatrice, prédestinée à créer une congrégation de vierges, avait un attrait singulier pour l'oraison ; aussi voulut-elle vouer l'institut naissant à la vie intérieure, par la clôture et la prière ; elle ne songea pas d'abord à engager ses filles dans les sollicitudes de l'enseignement. Mais de graves motifs qui lui parurent inspirés d'en haut, modifièrent ses plans et elle jeta elle-même les fondements d'un pensionnat, en 1825.

Ce fut d'abord un petit groupe d'élèves ; il ne tarda pas à grandir. Le Sacré Cœur ne pouvait manquer de faire fructifier le zèle des âmes d'élite qui aspiraient surtout à élever les jeunes filles dans son amour ; il leur envoya la bénédiction de la prospérité et celle, plus féconde encore et plus divine, des épreuves : on sait qu'elles sont le cachet distinctif des desseins du ciel ; ce qui ruine les entreprises humaines est précisément ce qui affermit et développe les œuvres de Dieu.

Une de ces épreuves, inattendue et douloureuse, fut la mort prématurée de Mme de Choussy, enlevée au moment où sa congrégation semblait avoir le plus besoin de son appui. Heureusement, elle avait eu le temps de communiquer son esprit : Mère Marie de Jésus en paraissait tout animée; c'est sur elle que se portèrent les suffrages de la communauté. Aux dons surnaturels, elle unissait de rares qualités d'esprit et de cœur : l'intelligence, le tact, une haute raison, un caractère ferme et bien pondéré, un jugement droit, le sens pratique de toutes choses. Cette femme, vraiment supérieure, avait dans son regard une pénétration et dans son extérieur une dignité, jointe à cette bonté qui lui gagnait les cœurs ; elle avait toute autorité et toute sagesse pour élever les jeunes âmes et leur inculquer les principes d'une éducation solide et chrétienne. Aussi, ne l'appelait-on jamais que « notre bonne Mère Marie ».

Ce fut elle qui reçut Mlle Billandon, à son entrée au Sacré-Cœur, à la fin du mois de mai 1847. Elle eut bientôt reconnu quel trésor elle possédait dans la nouvelle postulante, et elle ne tarda pas à pressentir que la jeune novice se laisserait bientôt et totalement pénétrer de l'esprit religieux, et prendrait son rang dans le groupe de sujets distingués qui affluaient déjà.

Quoique Mlle Billandon eût acquis l'expérience de l'enseignement, elle fut néanmoins désignée pour diriger les travaux à l'aiguille. Bien loin de se plaindre, ni même de s'étonner, elle accepta avec joie un emploi qui la vouait à une vie obscure: lui faire raccommoder le linge le plus grossier, c'était satisfaire son attrait pour l'humilité et en tout elle s'efforçait de disparaître pour se faire oublier. Mais déjà, à son insu, elle exerçait une heureuse influence et était respectée par les enfants qui eussent pu recevoir d'elle des lecons d'un genre plus élevé.

Ses débuts dans la vie religieuse comblaient de consolation les vénérées supérieures ; la postulante fut donc admise à la vêture ; le 8 septembre 1847, elle reçut, avec les livrées du cloître, le nom de sœur Joséphine de Jésus.

« Aujourd'hui, écrivait-elle dans ses résolutions, je romps extérieurement et intérieurement avec le monde ; je renonce à tout et à mes propres satisfactions, car je veux offrir à mon Jésus un cœur vide des créatures et de moi-même, un cœur qui recherche la solitude et le recueillement intérieur, un cœur crucifié.

« Il me semble que je suis maintenant sur l'autel de l'amour, et désormais, quels que soient les murmures et les refus de la nature, vous frapperez, mon Dieu, vous ferez de moi tout ce que vous voudrez : la victime est prête, elle ne veut que l'immolation ! »

A cette époque, fut promulguée une loi, enjoignant aux maisons religieuses enseignantes de se pourvoir de l'approbation de l'Académie, et pour l'obtenir, il était requis de présenter un certain nombre de brevets de capacité. Aussitôt que Mère Marie eut connaissance de cette exigence nouvelle, elle appela les novices et, leur faisant part de son embarras, laissa à leur générosité de décider si elles se prépareraient à subir les examens. Sans hésiter, Mme Joséphine s'offrit avec trois de ses sœurs.

On était à la veille de la révolution de 1848. Lyon était dans l'effervescence et le trouble ; l'émeute grondait sourdement ; mais rien ne put ralentir l'ardeur des postulantes, ni mettre obstacle à leurs études. Se lever quelquefois à trois heures du matin et poursuivre le travail jusqu'à une heure tardive, changer de costume pour se rendre aux cours publics, étaient les épreuves journalières et pénibles. Plusieurs fois, elles eurent à essuyer des moqueries et à entendre ces mots : « Oh ! voyez donc ces grandes filles qui vont à l'école ! » Mais l'ange du Seigneur veillait sur elles ; aussi les examens du brevet, le 14 septembre 1848, furent-ils couronnés d'un plein succès.

Comme le veut saint Paul, sœur Joséphine se montrait donc l'ouvrière selon le cœur de Dieu, prête à tout ce que réclame sa volonté. Si le succès de ses examens fit honneur à ses talents, elle ne songea point à s'en applaudir, mais plutôt à donner par là la preuve de son dévoûment. Après ce résultat, assurant l'avenir de sa maison, Mme Joséphine se remit avec joie aux exercices religieux qui avaient captivé son cœur et dont elle avait été privée si longtemps.

Dans de telles dispositions, la sainte profession ne se fit pas attendre : Mme Joséphine y fut admise en même temps que deux ferventes novices : Mère Marie-Thérèse, nommée en 1875 supérieure générale de la congrégation, et Mme Marie-Madeleine, Angèle Belmont, sœur de Sa Grandeur Mgr Belmont, (aujourd'hui évêque de Clermont), et décédée le 19 janvier 1890.

La veille de ce jour mémorable, une postulante, malgré les troubles révolutionnaires, avait fait son entrée au noviciat ; elle devait être plus tard Mère Hedwige qui, dans sa charge de maîtresse générale du pensionnat, avant d'être nommée supérieure à Alais, fut longtemps l'auxiliaire dévouée de Mme Joséphine.

A l'approche de la profession, M. Bissardon, supérieur des missionnaires du diocèse, délégué par Son Eminence le cardinal de Bonald, vint faire l'examen canonique d'usage. Sur sa remarque très sage qu'il était peu prudent de s'engager par des vœux au moment où les religieuses allaient peut-être se voir chassées de leurs couvents, les sœurs novices, sans s'être consultées, répondirent toutes que, s'il devait en être ainsi, elles n'avaient qu'un désir, celui de prononcer au plus tôt leurs saints vœux ; on pourrait ensuite leur enlever leur habit, mais non leur caractère religieux. Cette disposition d'esprit fit donner à M. le supérieur un plein consentement. Cependant Son Eminence le cardinal de Bonald exigea encore que chacune d'elles écrivît à sa famille pour demander une ratification de l'autorisation déjà obtenue. Les parents chrétiens acquiescèrent aux désirs formulés, et la cérémonie fut fixée au 17 mai 1849, fête de l'Ascension.

On apprenait alors que le drapeau noir flottait sur l'hôtel de ville ; le canon tonnait et l'alarme était générale ; dans une telle situation, persister semblait une folie, mais, dans la pensée de Dieu, il en était autrement. En effet, au jour dit, les trois novices prononçaient leurs vœux et s'offraient, comme un pur holocauste, pour apaiser la justice divine.

Leurs engagements solennels furent reçus par M. l'abbé Chirat ; M. l'abbé David, missionnaire du diocèse, plus tard évêque de Saint-Brieuc, prêcha sur le sacrifice de la vie religieuse, sacrifice qui mérite une immense et éternelle félicité ; il parla de chaque vœu en détail, et des affections saintes et légitimes de la famille qui, par la profession religieuse, ne s'éteignent pas, mais s'épurent et deviennent plus parfaites.

C'en était fait. Mme Joséphine était, pour la vie et pour l'éternité, élevée à la dignité d'épouse du Christ et d'adoratrice de son divin Cœur, immolé dans le sacrement d'amour. Sur cette vocation sublime qui avait ravi son âme, elle a écrit les lignes suivantes pendant la retraite préparatoire à la Profession :

« Le but de l'adoration est de réparer par nos

hommages la gloire de Dieu, méconnue par les ingrats, et de solliciter la conversion des pécheurs.

« Donc, la religieuse, en présence de Dieu, doit d'abord s'humilier, s'anéantir, puis s'unir au sacrifice de Jésus dans l'Eucharistie, afin de le remercier des biens, des grâces qu'Il répand sur la terre ; s'offrir, comme Jésus, pour le salut des pécheurs ; demander pardon et miséricorde, car l'adoratrice vient, au nom de ses sœurs, au nom de l'Eglise, intercéder pour le monde entier.

« Enfin, elle vient à toute heure du jour et de la nuit, parce que son Maître et Seigneur, captif dans nos temples, veille aussi et l'appelle près de lui, comme il appelait Marie-Magdeleine, le modèle des âmes aimantes.

« L'adoratrice n'attend pas les joies intérieures, mais les combats, les souffrances, la mort même, car elle est, comme Jésus, chargée des péchés du monde. Elle doit se pénétrer de l'esprit de Notre-Seigneur, des mérites de son enfance, de sa vie cachée, de sa passion, de sa mort, étudier ses différents états dans l'Eucharistie et s'oublier totalement pour s'occuper de son divin Epoux, qui est tout à la fois adorateur, réparateur et médiateur parfait. »

Telle était la haute idée que Mme Joséphine avait de sa vocation. Tout absorbée par la pensée de se donner à Dieu seul, d'effacer ses talents dans l'humilité et les emplois les plus vils, elle paraissait oublier que ce feu sacré, allumé et renouvelé sans cesse au foyer divin du Tabernacle, elle avait à le communiquer à de jeunes âmes. Mais l'Esprit divin qui remplissait son cœur, devait, sans tarder, animer son zèle et féconder ses œuvres au delà de toutes les espérances.

CHAPITRE III

DÉBUTS — DIRECTION DES ÉTUDES

Lorsque Mme Joséphine fut nommée maîtresse de classe pour remplacer Mme Genovefa, qui était malade, elle n'avait pas encore prononcé ses vœux. Défiante d'elle-même, elle se dit incapable de remplir cet emploi et de succéder à une institutrice aussi expérimentée. Mais la digne supérieure réfuta toutes ses objections et lui dit : « Ma fille, ce n'est pas vous qui aurez cette charge ; c'est moi, et vous m'aiderez. » Pour initier la jeune novice et assurer ses débuts, notre bonne mère Marie venait souvent visiter ses élèves, et, le soir, lui faisait rendre compte de tout ce qui s'était passé dans la journée. Si parfois elle lui voyait un air soucieux, elle l'encourageait et lui disait : « Vous avez bien fait, j'aurais agi comme vous. » Ou bien : « Il me semble que je m'y serais prise différemment. » Bientôt ce ne fut plus à titre d'encouragement que mère Marie vint assister aux leçons de la 2e classe, mais par un véritable intérêt, tant elle y trouvait de clarté et de précision ; l'arithmétique surtout était démontrée et raisonnée avec science. La vénérée mère satisfaite disait alors à une amie de la maison : « Elle est aussi humble qu'elle est instruite. »

C'est en 1853 que Mme Joséphine fut chargée du cours supérieur en remplacement de mère Angèle, une des fondatrices de la succursale du Sacré-Cœur, à Alais (Gard).

Elle trouva aussi, à partir de cette époque, dans M. l'abbé Chirat de Souzy, aumônier du Sacré-Cœur, un aide instruit et dévoué. Les nouvelles lois sur l'enseignement exigeaient un remaniement des programmes d'études. Sous cette direction éclairée, elle sut leur imprimer une impulsion qui ne s'arrêta jamais, ne connut ni la routine ni le parti pris, et développa dans les élèves l'amour du travail et le goût littéraire.

Nommée directrice des études, elle avait à guider des religieuses de mérite, déjà vieillies dans l'éducation, mais sa modestie, son tact leur faisaient accepter volontiers son autorité ; du reste, elle écoutait avec condescendance leur avis, et adoptait leur sentiment toutes les fois que le parti proposé n'offrait pas un réel inconvénient.

Son zèle pour former les jeunes sujets et les initier aux méthodes en usage dans la maison ne se démentait jamais. Elle se plaisait à les appeler auprès d'elle lorsqu'elle composait quelque poésie, quelque drame ou compliment, et leur disait : « Combien vous m'avez aidée dans ce travail ; vous m'inspirez toutes les bonnes idées ! » On pouvait, à toute heure, recourir à ses conseils ; on ne la quittait pas sans avoir reçu quelque lumière et une parole encourageante.

Pour exciter l'émulation des élèves, elle sut créer mille moyens ingénieux. Ne comptant ni son temps ni sa peine, elle faisait fréquemment la visite des classes, interrogeait les enfants, examinait les cahiers, faisait lire et réciter à voix haute, pour réformer l'accent ou corriger la prononciation.

Alors malheur aux petites nonchalantes et aux paresseuses ! Mme Joséphine, de sa grande voix, gourmandait avec énergie l'apathie, la mollesse ou la légèreté ; elle répétait ses maximes favorites : « Travaillez, prenez de la peine. — Ne dites jamais : Je ne sais pas, je ne peux pas, c'est difficile, parce que c'est un moyen de paralyser votre volonté et de vous créer des difficultés qui n'existent que dans l'imagination. — Ne comptez pas tant sur la mémoire que sur la réflexion ; comprenez bien ce que vous voulez retenir ; enchaînez les idées. »

Si elle surprenait des indices de dépit dans celles qu'elle reprenait : « Il faut aimer la vérité, disait-elle, recevoir les observations avec un visage serein, un maintien modeste, un air ouvert ; il faut remercier même gracieusement ; le plus grand service que l'on puisse vous rendre n'est-il pas de vous éclairer sur vos défauts ? car il faut que vous soyez de bonne foi avec vous-mêmes. »

Quand l'examen avait été satisfaisant, cette bonne maîtresse savait donner des encouragements auxquels les élèves attachaient un grand prix, et, pour récompense, lisait à ces enfants, suspendues à ses lèvres, quelque page choisie de littérature dont elle analysait et faisait ressortir les beautés.

D'autres fois, elle établissait des concours entre plusieurs classes. Il y avait alors assaut de recherches et d'efforts, et honneur à celle qui remportait la victoire !

Puis venaient périodiquement les examens trimestriels, dont elle rehaussait l'importance en choisissant pour les présider de vénérables ecclésiastiques. On se rappelle avoir vu venir au Sacré-Cœur, pour stimuler et bénir les modestes labeurs des pensionnaires, Mgr Lacarrière, M. Beaujolin, M. Jolibois, Mgr Thibaudier, M. Botton, le R. P. Monfat, M. Mellier, M. Carriot, M. Lassale.

CHAPITRE IV

Mme JOSÉPHINE ÉDUCATRICE — ANNÉES 1854, 1855, 1856

On peut dire que, douée pour l'enseignement, Mme Joséphine n'eut, dans cette carrière, pas de progression, comme plus tard elle ne connut pas de déclin. Dès ses débuts, elle sut s'emparer de ses élèves, gagner leur confiance, saisir leurs âmes pour les élever jusqu'à Dieu. Comprenant sa vraie mission, elle cherchait à former, non seulement des jeunes filles instruites, mais surtout de fortes chrétiennes, prêtes à accepter l'épreuve et à embrasser le devoir. On l'entendait dire : « Mes enfants, Jésus Christ a choisi d'être attaché, avec de gros clous, à une croix de bois ! Et vous, vous ne voulez que des croix de paille ou de velours ! Allons, quelle est celle d'entre vous qui accepte la croix de bois de notre Sauveur ? » Et toutes, enthousiasmées, de se lever en s'écriant : « Moi, Madame, moi !... »

Le sacrifice ! comme elle avait le don, avec ce mot, d'enflammer nos jeunes cœurs ! Et ce n'était pas seulement une formule, une théorie; mais, en public ou en particulier, elle en demandait des actes, proportionnés d'ailleurs à l'âge, au tempérament, au caractère des élèves. Ils n'étaient jamais refusés, car elle les demandait au nom du bon Dieu et de Notre-Seigneur Jésus-Christ. Elle le faisait donc entrer, avec sa croix, dans ces âmes, pour les tremper, comme l'or dans le creuset. C'est ainsi qu'elle dressait ces volontés naissantes, déjà capricieuses, souvent même rebelles et impérieuses, à triompher d'elles-mêmes par la vertu chrétienne.

Nos souvenirs nous le disent, ses lettres nous le rappelleront : pendant quarante-cinq années, Mme Joséphine n'a cessé de répéter à toutes les pensionnaires qui se sont succédé au Sacré-Cœur : « Il faut se vaincre. Il faut s'assujettir au travail, habituer son corps à la fatigue, à la souffrance. Faire promptement et en premier lieu, ce qui coûte le plus. Se dévouer, c'est-à-dire, s'oublier, se gêner et se priver pour obliger le prochain. Prendre pour soi la peine, la fatigue, et laisser le plaisir aux autres. Ne vouloir que Notre-Seigneur pour témoin de ses sacrifices. Sacrifions tout, soyons généreuses; qui ne donne pas *tout*, ne *donne rien.* »

Ces maximes, résumant l'esprit de l'Evangile de Jésus-Christ, hâtons-nous de le dire, ont été goûtées d'un grand nombre. Les belles années de 1854, 1855, 1856, offrirent à son zèle des sujets qui, à un degré rare, surent les comprendre et en profiter. Mme Joséphine s'est plu, toute sa vie, à rappeler cette époque mémorable dans les souvenirs du Sacré-Cœur ;

des jeunes filles qui devinrent plus tard des religieuses, des femmes de mérite emportèrent un trésor de vertus viriles, de solide piété, et laissèrent des traditions ineffaçables aux générations qui vinrent prendre leur place.

L'une d'elles a composé un acrostiche, réminiscence gracieuse de l'année 1855. La rime est remplacée par une consonance, donnant successivement le nom de chaque élève de la première classe ; on suppose qu'un écho le répète à son tour ; celui de leur bien-aimée maîtresse en est comme le lien. Nous aimerons à le lire ici :

Memorandum de 1855.
Echo du Sacré-Cœur.

Jours riants du passé qui trop tôt s'envolait,
VOLAY (Félicie).
Oh ! puissiez-vous renaître et reformer nos rangs !
AURRAN (Thérèse).
Si maintenant, mes sœurs, l'enfer se courrouçait
ROUSSET (Louise).
Et devant l'ennemi si nos cœurs défaillaient,
FAYET (Agarite).
Pensons au saint coteau (1) d'où la foi vive émane ;
WEHMAN (Caroline).
Hélas ! point n'est besoin d'invoquer saint Mathieu,
MATHIEU (Mathilde).
Interrogeons le temps et nos timides vers,
DEVERS (Gabrielle).
Nous y lirons nos noms, unis au nom de celle
DE SELLE (Marie).
En qui nous apprenions les charmes de la croix.
DE LA CROIX (Jeanne).

(1) Le coteau des Chartreux sur lequel est placé le Sacré-Cœur.

M. l'abbé Chirat, alors aumônier, dépensait son zèle et ses forces, affaiblies déjà par la maladie qui devait l'emporter bientôt, à instruire et à diriger le troupeau béni. Outre les cours d'instruction religieuse, il donnait aux élèves de la première classe des leçons de latin. Le bon Père était ravi de leur application à cette étude nouvelle.

Pendant une absence, nécessitée par l'affaiblissement de sa santé, il écrivit à ses débutantes une épître en latin, dont elles firent la traduction que voici :

Le Jour des Rameaux, 1er avril 1855.

A mes très chères en Jésus-Christ et dans la langue de Romulus,

A mes petites filles et élèves,

« Ayant reçu la lettre que Jeanne a écrite hier, je « me suis fort réjoui et je vous rends grâces, mes « chères enfants, de ce que vous avez prié avec tant « de sollicitude le Seigneur pour le Père qui désire « ardemment vous revoir. Oh ! plût à Dieu qu'il me « fût permis de jouir du temps trop court de votre « conversation ! Car rien ne m'est plus dur, rien ne « m'est plus rigoureux que d'être séparé de ma très « chère famille, surtout durant ces jours où il me « serait si doux, si délectable au cœur, d'aller avec « vous dans les saints Lieux et de vous entretenir

« toutes de la charité du Seigneur qui s'est fait obéis-
« sant jusqu'à la mort. Mais que soit faite, en toutes
« choses, que soit louée et exaltée la très juste et très
« aimable volonté de Dieu ! Cependant, j'espère très
« fort que tous vos cœurs seront visités par sa grâce
« et qu'ils seront imprégnés du sentiment immense
« de la charité et de l'humilité du Seigneur.

« Mais, à vous surtout, que souhaiterais-je pendant
« ces jours de salut, si ce n'est une retraite profonde
« et intime dans le plus secret du Cœur sacré du
« Sauveur. Faisons là trois tentes, ou plutôt une seule
« et continuelle, car c'est là que nous apprendrons très
« suavement et éloquemment à vaincre notre orgueil,
« à être aimables, à aimer tout le monde, à supporter
« tout le monde et à nous faire tout à tous. Ce Cœur
« très aimable sait parfaitement combien je désire
« vous parler et conduire vos progrès dans la langue
« latine, à sa plus grande gloire, selon mes petites for-
« ces. Ah ! puisse-t-il sur moi, puisse-t-il sur chacune
« de vous répandre abondamment ses bénédictions !

« J'ai été très heureux de la lettre de Jeanne, car
« elle me dit que vous êtes ferventes à étudier la
« langue très noble qui vous fera comprendre les
« Ecritures sacrées et les auteurs fameux. Croissez,
« mes chères enfants, de jour en jour ; travaillez dans
« la science, mais surtout dans la connaissance de
« Jésus-Christ. *Le travail opiniâtre triomphe de*
« *toutes les difficultés.*

« Dans la sainte semaine, lorsqu'on lira et qu'on « chantera les leçons de saint Jean Chrysostome, « appliquez votre esprit, autant que faire se pourra, « pour comprendre le sens de chacune de ces belles « paroles. Et... (Ici le savoir des traductrices subit « une suspension.)

« Adieu, mes chères petites filles, aimez-vous mu- « tuellement par la charité.

« Votre Père et ami,

« Ludovic CHIRAT. »

N'est-ce pas ainsi que saint Jérôme écrivait à Læta et à sainte Paule?

C'est encore le même esprit de sagesse et de douce autorité qui lui dictait ces lignes adressées au pensionnat, quelques mois plus tard :

14 février 1856.

« Avant tout, mes chères enfants, soyez bien « pieuses; faites en sorte qu'il y ait unité de piété, « comme il y a unité d'affection pour votre bonne « maîtresse. Cette unité d'affection est déjà un com- « mencement de piété, surtout quand elle se traduit « par le respect, la soumission, une tendre confiance. « On est bien près d'être toujours fidèle à Dieu et de « le servir, non en *femmelette*, mais en parfaite chré- « tienne, quand on se montre sans cesse docile, « attentive, prévenante, envers une maîtresse qui

« représente dans sa personne celle de Dieu même et « des chers parents. »

C'était un juste hommage rendu au mérite de Mme Joséphine. Mais ses élèves n'avaient pas besoin d'être stimulées dans cette voie d'amour confiant et filial ; elles n'avaient qu'à suivre l'impulsion de leur cœur pour réaliser le désir du pasteur de leurs âmes.

M. Chirat avait une prédilection marquée pour nos auteurs classiques et spécialement pour La Fontaine ; l'étude de ses fables avait une place légitime dans les plans d'étude et prenait le pas sur d'autres poésies vers lesquelles le goût de l'époque commençait à se laisser entraîner. Les jeunes élèves s'essayaient timidement dans le genre de l'apologue et leurs efforts modestes étaient chaudement encouragés.

Telle fut une composition présentée au bon Père aumônier, à l'occasion du jour de l'an, et intitulée : *L'Arche de Noé.* Chacune, prêtant un langage à l'un des spécimens du genre animal, offrait ses vœux au maître de céans.

M. Chirat, le Noé de l'allégorie, fit alors une réponse en vers, où sous le charme de l'esprit se cachait une fine morale. Ecoutons-le :

Et tandis que la pluie et la vague profonde
Lavaient la tête aux gens et blanchissaient le monde.

Il félicitait ses petits commensaux d'être à l'abri, dans une douce sécurité, pendant qu'au dehors :

. . . . un déluge de maux
Inonde une jeunesse imprudente, indocile.

Et dans ses loisirs, que fait-il, le bon Noé? Il va nous le dire : tout d'abord il fait sa ronde,

. . . . . donne le grain de mil,
Le pâté frais et l'herbe sèche et l'onde.

Surtout, il parle « dans ce langage antique » sûr d'être écouté de cet auditoire choisi.

C'est d'abord à l'agneau qu'il s'adresse; il lui recommande de conserver la douceur qui le caractérise. Il ajoute : « ne t'éloigne pas du troupeau, garde-toi de l'herbe amère, » image des appas séduisants du plaisir.

Vient ensuite le rossignol, dont il loue la voix mélodieuse :

Qui toujours chantera les bienfaits du Seigneur.

Puis la pie parleuse :

Margot la pie et son caquet,
Dans l'aimable concert, trouve très bien sa place
A l'écouter, jamais on ne se lasse
Et près du rossignol sa voix a de l'effet.
Songe toujours, petite agace,
A l'aimable cage où se passe
Le cours de ton heureux printemps.
Pour bien parler il faut aller en classe ;
Les mots ensuite, avec ordre, avec grâce,
T'arriveront au bec, jolis, graves, prudents.

C'est une leçon bonne à entendre et qui aura son actualité longtemps encore après le déluge. Mais voici l'aigle

Qui prend son noble essor et vole vers les cieux.

Pour lui, le conseil sera digne de celui qui le donne :

Puisses-tu, comme Jean, sur ton aile sublime,
Aller te reposer au sein de l'Eternel.
Un aigle n'est point fait pour cette terre infime ;
Un aigle, mon enfant, n'est fait que pour le ciel !

Le bon Noé continue sa revue et interpelle tour à tour la cigale, le chien, le chat qui, sur tous ceux de son espèce, aura toujours « le plus honorable des pas » à condition que, sous une patte de velours, il ne cache pas une griffe méchante.

Il dit à « la diligente abeille » d'aller de préférence faire sa cueillette dans

. . . . ce jardin fertile
Où l'époux du Cantique a fixé son asile.
. . . .
S'il t'offre dès l'abord la rose sans l'épine,
Bientôt à son éclat, son parfum, sa douceur,
Ton cœur reconnaîtra ta *Mère Joséphine*.

Pour toi, blanche colombe, messagère de bonheur et de paix :

Que le Cœur de Jésus, que celui de sa Mère
Soient toujours ici-bas ton arche tutélaire !

Le lion apparaît à son tour, imposant et fier :

O surprise ! ô métamorphose !
Comme le prophète l'a dit,
Voilà que le lion et s'ébat et bondit
Sur l'herbette où l'agneau, tranquille, se repose.
Il n'est donc plus la terreur des forêts,
Ce fier lion, dont la voix rugissante
Glaçait les cœurs et semait l'épouvante ?
Cher Sacré Cœur, ce sont là tes bienfaits !
Tu changes les lions en agneaux pacifiques
Et tu n'admets sous tes portiques
Que des cœurs tendrement unis !

Voilà « que la ronde est finie » trop tôt à notre gré. Mais ce qui restera et sera toujours profitable, c'est cette leçon, délicatement dissimulée sous un voile discret et adaptée à des enfants dont on veut former l'esprit, le jugement et le cœur.

Cette manière instructive autant que spirituelle de s'amuser excitait ces intelligences, neuves encore, et développait des talents dont elles usaient, à leur tour, pour leurs récréations.

Une de ces jeunes muses, inspirée par sa verve malicieuse, composa sur le pupitre d'une voisine de classe, enfant gâtée, une sorte d'épigramme que, dans un jour de congé, on chanta en chœur.

Le Pupitre de Clémentine.

Son bureau lui sert de buvette,
Gracieux entre les boudoirs ;
C'est son cabinet de toilette,
Repaire de tous ses miroirs.

Elle y dort dessus, elle y mange,
Elle y conserve des bonbons;
Et chaque jour, elle le range
De mille élégantes façons.

Tous les plus fins parfums de Grasse
Ont chez elle un échantillon,
Sans pudeur, ils prennent la place
Des cahiers serrés en chiffon.

Son sirop sucre chaque livre,
Colle ensemble tous les feuillets,
Et, tous les matins, il se livre
Un combat entre les bouquets.

Quand elle apprend son catéchisme,
C'est sur des livres tout sucrés;
Et les autres feraient un schisme,
S'ils n'étaient de même emplâtrés...

On jardinait, paraît-il, dans cet Eden terrestre, quelques vers trouvés au hasard nous l'apprennent; mais ils nous font supposer des amateurs peu patients et inexpérimentés dans l'art de la culture : lisez plutôt.

Connaissez-vous dame Tripote?
Vous l'avez vue assez souvent,
Son tablier servant de hotte,
Y jeter le bourgeon naissant.

La plante a soif: vite, elle arrose;
L'onde envahit la pauvre fleur.
Près de la tige, à peine éclose,
La voyez-vous, ouvrant le cœur?

Les pieds, les mains dans le parterre,
Tripote aide aux *retardatifs*,
Et, consultant leur caractère,
Enterre ceux qui sont trop vifs !...

Mme Joséphine prenait part à tous ces délassements. Grave et sérieuse par nature, elle savait pourtant se réjouir avec son entourage aux heures des récréations. Alors, entre la maîtresse et les élèves, c'était un échange d'aimables saillies et d'enjouement. Les jeux bruyants n'étaient pas dédaignés ; à voir son élan, on aurait dit même qu'elle y trouvait du plaisir ; les plus simples avaient ses préférences, et il n'était pas rare que des jeunes filles de 16 et 18 ans ne prissent, avec elle, de l'intérêt à des divertissements d'enfants.

Tous ceux qui ont l'expérience des choses de l'éducation savent combien de telles dispositions font honneur au caractère des élèves et favorisent le travail et la vertu.

Mais si la gaîté, excitée ainsi, détendait les esprits et épanouissait ces fronts si purs, elle n'était ni assez libre, ni assez absorbante, pour attarder ces âmes dans leur ascension vers le bien. C'était à ce but que tendaient, sans cesse et partout, les efforts de Mme Joséphine. Elle saisissait toutes les occasions de leur parler, en termes brûlants de zèle, de l'amour de Dieu, du sacrifice, du renoncement. Ses paroles jetaient l'étincelle sacrée dans ces sanctuaires intimes que l'Esprit-Saint s'était choisis. Dieu sait ce qu'elles ont pu soulever d'ardeurs, de dévoûments, de sentiments sublimes de piété !

Comme preuve, nous citerons quelques pièces de vers faites à cette époque ; les strophes suivantes ont été composées par une élève de Mme Joséphine, en 1855 :

Au Sacré Cœur de Jésus.

Je veux chanter ce Cœur, transpercé par la lance,
Ce Cœur qui me ravit par ses puissants attraits.
De cet ardent foyer un pur rayon s'élance
Et fait jaillir des flots de lumière et de paix.

Amour, tu nous ouvris un jour ton sanctuaire ;
C'est le Cœur tout brûlant de Jésus expiré !
Et, pour nous, désormais, il n'est plus de mystère,
Osons lever les yeux : le voile est déchiré !

Oui, je vois de Jésus la divine blessure ;
L'amour avec transport vient d'aiguiser son dard.
Et le sang a jailli, comme une source pure,
De ce Cœur généreux percé de part en part.

Car celui qui l'a vu peut rendre témoignage,
Puisque ce témoignage est toute vérité :
Et ce sang, en coulant sur une aride plage,
A fait germer le lys de la virginité.

L'amour ouvre un asile au cœur qui souffre et prie :
C'est au pied de la croix que, fixant son séjour,
Toute âme languissante ira puiser la vie,
Que toute âme altérée ira puiser l'amour.

Mais tandis qu'à ses pieds je chante ma prière,
Mon cœur s'anéantit et s'élève à la fois ;

Je vois ce divin Cœur s'incliner pour me plaire ;
Je sens tomber ma lyre et s'éteindre ma voix.

Amour, amour sacré, tu m'as enfin charmée
Et ta flamme vivante a pénétré mon cœur.
Quelle douce clarté ! Mais vois, tu m'as blessée !
Mes larmes et mon sang vont payer mon bonheur.

On ne peut recevoir vos dons, ô divin Maître,
Sans donner, et sa vie, et son cœur en retour ;
On ne peut approcher sans apprendre à connaître
Ces deux fruits de la croix : la souffrance et l'amour.

Oui, le cri de l'amour s'exhale de mon âme.
Amantes de Jésus, vous savez mon bonheur :
C'est en Lui que je vis ! Tout mon être s'enflamme,
Puisque je sens mon cœur reposer sur son Cœur !

La gloire de cette inspiration ne peut-elle pas remonter jusqu'à celle qui savait faire naître et développer de si grandes pensées ?

La pièce suivante est du même auteur :

Un Soupir de feu.

Voici ce qui me décourage :
« On demandera beaucoup plus
« Au cœur qui reçoit davantage »,
C'est la parole de Jésus.
Mais, dans mon dénûment extrême,
N'ayant que des pleurs à t'offrir,
Seigneur, c'est pour le cœur qui t'aime
Un soulagement de souffrir.

Le feu vivant qui me consume
Me laissera-t-il du repos ?
La main divine qui l'allume
Suspendra-t-elle un jour mes maux ?
Cette flamme est la douceur même ;
Mais ce mal ne pouvant guérir,
Seigneur, c'est pour le cœur qui t'aime
Un soulagement de souffrir.

Il vaut mieux souffrir que d'être ange,
On peut ainsi payer l'amour ;
Et puisse-t-il, ô doux échange !
Prendre encor ma vie en retour.
Mais au ciel, de ce mal suprême
Le séraphin ne peut mourir...
Seigneur, c'est pour le cœur qui t'aime
Un soulagement de souffrir.

Faut-il s'étonner, après cette lecture, que ces âmes aient pu aller au-devant des immolations de la vie religieuse, pour satisfaire leur soif d'amour et de sacrifice, que toutes aient été fidèles au devoir, même jusqu'à l'héroïsme, et qu'elles aient rempli, sans défaillance, la mission que la Providence leur avait assignée ?

CHAPITRE V

Mme JOSÉPHINE ÉDUCATRICE — SES SUCCÈS — SES MOYENS

On comprend ce que la culture de ces natures généreuses devait inspirer à Mme Joséphine d'intérêt et d'admiration. Ce n'est pas d'ailleurs seulement au début de sa carrière qu'elle eut le bonheur de les rencontrer; cette joie, cet objet de ses désirs et de ses ambitions, Dieu ne pouvait en priver une âme si éprise de sa gloire. Mais ses premières années furent surtout fécondes et sont restées la consolation de sa vie; plus tard, lorsque, dans une classe, se révélaient d'énergiques caractères, ouverts à la piété et aux choses du ciel, elle répétait avec une fierté bien légitime : « Voilà qui me rappelle mes belles années ! » Ses belles années! Ont-elles donc été si rares? Non pas, grâce à Dieu !

Mais cependant cette éducatrice distinguée comprenait qu'elle n'agissait plus sur des âmes aussi capables de recevoir sa formation ; elle sentait le besoin de tempérer souvent son langage, de retenir ses élans, et se plaignait de ne pas trouver, actuellement, les mêmes goûts pour les aspirations élevées, la même force morale et surtout cette simplicité qui la ravissait dans ses premières élèves.

Est-il besoin d'ajouter que, tout en se prêtant à ménager les fausses délicatesses et les susceptibilités de notre époque, Mme Joséphine n'avait pas modifié le fond de son système d'éducation ? Jamais elle n'eût consenti à ce sacrilège accommodement. L'Eglise a-t-elle donc, pour notre temps, mitigé la doctrine morale de l'Evangile ? D'ailleurs, sans cesser de prêcher l'amour du devoir, l'esprit de sacrifice, l'immolation de la nature, elle savait les faire accepter.

Le Seigneur lui avait donné un cœur ardent et sensible, une grande puissance et onction de parole.

Au début de l'année scolaire, avant qu'un mois se fût écoulé, elle avait réussi à gagner la confiance de ses élèves, et déjà, vers la retraite annuelle qui précédait la fête de la Toussaint, toutes, même les plus indociles, s'étaient rendues. Tandis que les aptitudes intellectuelles se développaient et que les progrès dans les sciences devenaient rapides, s'opérait une transformation plus importante pour leur bien. Elles avaient compris le but élevé, désintéressé et surnaturel que se proposait leur maîtresse ; elles subissaient l'ascendant de son intelligence et de son exemple. Qu'auraient-elles pu lui refuser ? Les réformes qu'elle leur demandait n'étaient-elles pas pour leur bonheur et dans leur intérêt ? Les caractères s'assouplissaient donc; la piété devenait sérieuse et tendre, et se manifestait par la correction de leurs défauts. La première classe, ainsi transformée, exerçait une heureuse influence sur le pensionnat.

Aussi ne voulut-on pas lui laisser la charge de directrice du Noviciat, qu'elle exerça pendant quelques semaines, il fallut la rendre à son œuvre de l'éducation.

Mme Joséphine, par sa perspicacité et son expérience, était persuadée que l'on ne saurait trop, dans la formation des âmes, surveiller, dès l'enfance, les moindres inclinations, développer les bonnes dispositions, étouffer sans retard les défauts, et ne pas s'arrêter à cette idée fausse et malheureusement trop commune : elle est encore bien jeune ! A son sens, cette première jeunesse que le monde est si disposé à excuser et à flatter, était le temps propice à la réforme de soi-même.

Elle étudiait, dans ses élèves, les penchants et les habitudes, les analysait en particulier avec chacune, et exerçait une douce et salutaire influence, pour les porter à faire l'essai des plus austères vertus.

Peu à peu, la jeune fille, éclairée sur son caractère, se jugeait elle-même sans complaisance et sans faiblesse. Sa judicieuse maîtresse la suivait pas à pas, stimulait son courage dans ses luttes journalières et, au besoin, savait la secouer vivement dans sa lenteur ou son indolence ; avec énergie et sagacité, elle dévoilait les défauts, les flétrissait et les combattait jusqu'à victoire complète. Tantôt c'étaient l'amour-propre et la vanité auxquels elle faisait la guerre; tantôt l'égoïsme, la légèreté, le caprice ou les écarts de l'imagination qu'elle poursuivait jusque dans leurs derniers retranchements : aucun travers n'échappait à son jugement et à son œil exercé.

Souvent elle mettait notre vertu à l'épreuve. Si elle apercevait quelque nuage de susceptibilité : « Vous voyez, disait-elle, vous n'avez point encore réalisé de progrès ! Allons, il faut faire telle réparation, puis un acte d'amour à notre bon Sauveur, et vous recommencerez la lutte contre vous-même. »

D'autres fois, après avoir examiné le cas ou la difficulté, elle répondait : « Vous pouvez prendre tel ou tel parti, je vous laisse libre de choisir ; mais je vous conseille celui qui vous humiliera le plus et coûtera davantage à votre nature ; je verrai là le degré de votre générosité. » Et après un mot vif et tendre sur la Passion de notre divin Sauveur, suivi d'une caresse, l'enfant se relevait forte et courageuse.

Elle était sévère parfois, et nous la trouvions terrible, surtout quand elle rencontrait de la résistance, de la mauvaise volonté ou de la dissimulation; mais jamais ses réprimandes, même les plus énergiques, n'allaient à nous décourager. Après avoir éclairé la faute, en avoir fait ressortir la gravité et les conséquences, elle indiquait, avec fermeté et mansuétude, le moyen de la racheter ; nous étions trop heureuses de le saisir et de regagner, avec ses bonnes grâces, le chemin de la sagesse.

Sa physionomie grave et forte s'animait par la vivacité de son regard, où l'on voyait étinceler sa grande intelligence : telle qu'elle nous apparaissait, nous l'aimions et nous ne l'aurions pas voulue autrement.

Pour nous suivre d'une manière plus intime, Mme Joséphine fit une innovation, celle des *petits cahiers*.

Nous prenions chaque jour, ou chaque semaine, quelques instants, jamais longs, sur une étude, un devoir ou un temps libre, pour écrire nos impressions, nos difficultés, nos peines, nos infidélités et aussi, quand nous avions le bonheur d'en trouver, les élans de piété et les actes généreux. On glissait les pages confidentielles dans la boîte de Mme Joséphine qui voulait bien les lire et, à la suite, dans quelques lignes, montrer la voie à suivre ou l'écueil à éviter.

Le lendemain matin, en arrivant à la classe, avec quel empressement on ouvrait son pupitre ! On lisait avidement les mots si courts tracés par une main chérie.

Précieux cahiers, quelles émotions vous nous avez apportées ! Que vous avez fait souvent palpiter nos cœurs d'espérance et de joie! Surtout que de lumières et de grâces nous sont venues par vous!

On retrouvait là l'énergique direction de Mme Joséphine, toute son âme ardente. Quelques extraits en donneront une idée; c'est ainsi qu'elle répondait:

« Si vous voulez persévérer dans vos bonnes dispositions, ne vous pardonnez aucun acte imparfait et soyez au bon Maître sans réserve. »

« Ne vous étonnez pas de vos chutes: l'amour est dans la lutte. »

« Tout ce qui est extérieur mérite à peine nos regards. »

« Cherchez à acquérir la présence de Dieu, fruit du saint Amour. Soyez attentive à saisir toutes les occasions de briser et de mortifier votre nature, afin que Jésus règne pleinement en votre âme. »

« Se vaincre, aimer, prier, voilà toute la piété; ne cherchez pas la jouissance, mais donnez beaucoup à Jésus, notre Tout! »

« Vivez de sacrifice, il vaut mieux donner à Dieu que d'en recevoir. »

« Ne cherchez qu'une chose: mourir à vous-même et aimer tendrement Notre-Seigneur. »

« Ne croyez pas que votre vie spirituelle soit sans chute; mais ces chutes vous avancent néanmoins, parce qu'elles vous humilient! »

« Que Jésus souffrant soit le centre de votre amour et le rendez-vous le plus intime de votre cœur! »

Peut-on dire plus simplement des choses plus sublimes ? Et encore :

« Hâtez-vous de soigner votre vie spirituelle et prenez le chemin le plus court : c'est l'amour. »

« Souffrir pour Jésus, c'est l'aimer sans illusion. »

« Poursuivons la lutte contre nous-mêmes, dominons nos facultés et nos sens, et faisons de tout ce qui nous appartient un holocauste d'amour. »

« Allez au bon Maître par l'amour ; que la pensée de lui plaire soit le motif de vos actions. Mais surtout, mon enfant, priez beaucoup et souvent, afin que la prière gagne votre âme et y établisse le goût de Dieu ! »

Quelquefois la journée n'avait pas été marquée par des actes de fidélité à Dieu et au règlement; alors le cahier n'apportait qu'une page blanche ou bien ce seul mot dont on saisissait vite la portée :

« Rien aujourd'hui. »

L'élève s'en allait pensive, baissant la tête et formulant en son cœur de sages résolutions.

Avec de tels encouragements, on le comprend sans peine, les petits cahiers affluaient dans la boîte aux lettres : c'étaient des pages serrées à déchiffrer chaque soir. Mme Joséphine, après le travail de la journée, y consacrait le temps de son repos, jusqu'à une heure avancée de la nuit. La fatigue physique qui en résulta pour elle et l'affaiblissement de sa vue, mirent obstacle à son zèle; la Révérende Mère intervint, et les petits cahiers furent supprimés.

Mme Joséphine, qui voyait dans la pension une préparation plus ou moins éloignée à une mission sérieuse et importante, n'était pas sans prévoir que l'enfant serait un jour, dans le monde, la mère de famille modèle. Il fallait donc qu'elle pût lui inculquer tous les principes qui réalisent cette femme forte, selon le portrait tracé par nos saints Livres. Pour atteindre ce but, l'internat sagement compris, donnait pleine facilité.

Une qualité qui, à cause de son importance, avait toutes ses prédilections, c'était l'ordre ; elle l'élevait à la hauteur d'une vertu et la possédait elle-même à un rare degré, car la précision réglait tous ses actes. Elle exigeait de ses élèves la même ponctualité; là, la perfection n'était pas un vain mot : il fallait l'atteindre.

Aussi Mme Joséphine, secondée par la maîtresse générale, était-elle sous ce rapport d'une sévérité inflexible. Les pensionnaires, si simples dans leur costume noir, devaient être irréprochables, quoique sans recherche et sans coquetterie. Les objets à leur usage, leurs pupitres en classe, subissaient des visites minutieuses. Mme Joséphine ne s'en tenait pas là : elle se rendait dans les dortoirs, voyait toutes choses par elle-même et stimulait la vigilance des bonnes sœurs dans le cas où celles-ci auraient été portées à trop d'indulgence.

Les élèves quittaient-elles leur classe, une salle de récréation ? Sur un mot, un signe de la maîtresse, tous les petits désordres disparaissaient, les bancs et les chaises restaient alignés ; les grandes aidaient les plus jeunes, et ainsi, tout en apprenant à se dévouer, gracieusement, initiaient celles-ci au devoir.

Aucune raison ne peut en effet dispenser la jeune fille d'acquérir, dès son enfance, ce sens précieux de la vie pratique, si prisé et cependant si rare. Doit-elle un jour être maîtresse de maison et commander un personnel domestique? Il importe que, formée elle-même, elle puisse instruire les autres et surveiller l'exécution du travail. Sa position modeste l'obligera-t-elle à pourvoir, par ses mains, aux soins de la maison ? Dans ce cas, il faut qu'elle soit une auxiliaire utile et dévouée pour sa mère. Il est donc nécessaire que toutes possèdent, comme complément d'une bonne éducation, ce goût de l'ordre et de l'arrangement qui donne tant de charmes à un intérieur de famille.

CHAPITRE VI

EXERCICES PIEUX — LES MÉDITATIONS — LES ADORATIONS

N le voit, Mme Joséphine élevait la jeunesse dans le sens vrai de ce mot. Sous sa tutelle, combien de jeunes personnes ont appris les secrets d'une profonde piété ! Que d'âmes indifférentes, indépendantes ou légères ne se seraient jamais ouvertes ni prêtées au travail de la grâce, si une maîtresse, douée de sagesse et d'une affectueuse ténacité, n'avait aidé leurs premiers efforts ! Mais, encouragées par tant de dévoûment, par des instructions qui pénétraient les cœurs et y laissaient une ineffaçable empreinte, elles embrassaient le devoir ; stimulées par l'exemple de leurs compagnes, car toutes ne formaient qu'une famille où règnait l'harmonie des sentiments, aucun effort ne coûtait plus ; l'essai de la vie chrétienne se faisait ainsi, pour elles, sans altérer l'insouciance de leur âge.

Pour atteindre son but, Mme Joséphine ne cessait

d'inspirer aux âmes des intentions surnaturelles : les pensées de la foi, les sacrements, les moyens fournis par une doctrine éclairée : tels étaient ses leviers puissants.

La veille des jours de communion, elle communiquait à son jeune entourage le feu sacré qui brûlait en elle; dans son amour pour la sainte Eucharistie, elle puisait des accents incomparables; l'émotion nous gagnait toutes et était indicible.

En faisant aimer Jésus-Hostie, elle ralliait aussi les cœurs autour de ce centre divin par des méditations assidues.

Habituellement, elle les faisait à voix haute. Un jour, cependant, on décida, d'un commun accord, que chaque élève la ferait à son tour, au milieu de ses compagnes. Le soir, le sujet était donné pour le lendemain : à celle qui devait prendre la parole de songer à son improvisation. Le moment venu, elle s'exécutait timidement : l'épreuve durait un quart d'heure; mais au bout de quatre à cinq minutes, l'officiante avait épuisé son savoir, elle en était réduite à soupirer silencieusement et à diriger un regard de détresse vers Mme Joséphine qui, pour lui venir en aide, reprenait le sujet et achevait la méditation..... A la récréation suivante, on raillait joyeusement la théologienne si vite aux abois.

Une récompense, de tous temps vivement ambitionnée, consistait à aller, avec Mme Joséphine, faire une heure d'adoration à la chapelle. Le moment choisi était, en hiver, de 9 à 10 heures du soir; en été, le matin, de 4 à 5 heures. Une causerie pieuse préparait les élèves privilégiées à leur entretien avec Notre Seigneur; elles apprenaient ainsi comment on peut, avec fruit, employer une heure de recueillement en présence de Dieu. Quelquefois la prière ou le chemin de la croix étaient faits par la maîtresse; il faut avoir entendu les élans enflammés qui jaillissaient de son cœur pour savoir ce qu'il renfermait d'amour pour Notre Seigneur, d'intérêt pour sa gloire, de passion pour les âmes et de zèle pour leur conversion.

Quand il s'agissait d'une adoration de 4 à 5 heures du matin, les charmes étaient différents : les premières lueurs du jour éclairaient faiblement la chapelle; les oiseaux qui s'éveillaient invitaient, par leur ramage, à bénir et à louer le bon Dieu.

Mme Joséphine, qui savait si bien allier la fermeté et la bonté, l'énergie et la tendresse, comprenait qu'avec une heure passée au pied du saint Tabernacle, des enfants avaient besoin d'un délassement. Aussi le temps qui s'écoulait ensuite était rempli de surprises variées : promenade matinale, douce causerie et déjeuner champêtre; tout avec calme, avec paix, sous le regard de Dieu.

Souvent, après ces réjouissances d'un ordre si pur et si reposant, les élèves étaient invitées à traduire, dans des compositions littéraires, leurs impressions pieuses : les unes le faisaient en prose, mais les mieux inspirées se servaient du langage de la poésie. Nous choisirons, dans ce genre, une prière composée par une élève de 1888. Cette citation nous rappellera ces joies qui ont pris à jamais leur place parmi nos meilleurs souvenirs.

L'adoration du soir.

Le silence est profond, le temple est solitaire ;
Voici l'heure bénie où, dans le sanctuaire,
Le Sauveur nous attend.
Mes sœurs, recueillons-nous, au pied du Tabernacle :
Jésus veut écouter, dans ce nouveau Cénacle,
Nos prières d'enfant.

Bien souvent, ô Jésus, mon amour te réclame ;
Oh ! viens, mon Bien-Aimé, révéler à mon âme
Les secrets de ton Cœur !
Dans le calme profond de ta sainte retraite,
Laisse-moi savourer, dans une paix parfaite,
Un instant de bonheur.

Ah ! de mon jeune cœur, Jésus Eucharistie,
Ecoute les soupirs, alors que dans l'Hostie
Tu te caches pour moi.
Oui, je voudrais toujours, là, malgré ma faiblesse,
Pour prix de tes bienfaits, de ta vive tendresse,
M'immoler avec toi.

Comme la lampe d'or, je voudrais à toute heure,
Seigneur, sous ton regard, en ta sainte demeure,
Me consumer d'amour.
Tu me verrais alors, ô suave délice !
Pour les pécheurs ingrats m'offrir en sacrifice
Et la nuit et le jour.

Oui, Jésus, j'ai compris, de ton Cœur adorable,
La divine bonté, la douceur ineffable,
Et les charmes secrets;
Je le jure, à ta voix je veux être docile;
Laisse-moi revenir dans ce pieux asile
Pour t'aimer à jamais.

Exauce ma prière, ô Charité suprême,
Sur mes parents chéris et sur tous ceux que j'aime
Verse les dons du ciel;
Prodigue tes bienfaits, ton immense tendresse
A l'ange dévoué qui de notre jeunesse
Prend un soin maternel.

Et s'il me faut, un jour, loin de ton sanctuaire,
Comme toi, mon Jésus, boire à la coupe amère,
Sois mon consolateur.
C'est l'heure, il faut partir, bon Maître, je te quitte,
Mais, près du tabernacle, où ton amour habite,
Je veux laisser mon cœur.

CHAPITRE VII

MORT DE MÈRE MARIE
Mme JOSÉPHINE : SON JARDIN, FÊTE DU 19 MARS

En 1862, le 17 décembre, une grande affliction vint atteindre le Sacré Cœur : Mère Marie de Jésus, la supérieure aimée et vénérée comme une seconde fondatrice, était appelée, des labeurs de cette terre, au repos de l'éternité. Sous son habile administration, la maison n'avait cessé de grandir et de prospérer, tout en conservant ce caractère éminemment religieux qui est une de ses gloires les plus pures. La communauté comptait des sujets d'élite, le pensionnat augmentait d'année en année ; de tous côtés le succès s'affirmait. Il avait fallu donner aux bâtiments primitifs des annexes nouvelles, pour satisfaire aux demandes des familles. La chapelle avait été, pour la seconde fois, agrandie et restaurée d'après le goût sûr de M. l'abbé de Saint-Pulgent, nommé aumônier depuis la mort de M. Chirat de Souzy.

La semence que cette digne et sainte Mère avait jetée avec générosité et au prix de tant de sacrifices, aidée de ses bien-aimées filles, était donc sensiblement bénie de Dieu. Ce n'étaient plus seulement des espérances, c'étaient déjà d'abondantes moissons.

De toutes les religieuses qui étaient alors à la maison, nulle n'avait plus contribué que Mme Joséphine à ces rapides et si beaux résultats; nulle ne ressentit plus vivement le coup qui frappait tous les cœurs: la mort de celle qu'on ne nommait que la « Bonne Mère », d'un nom qui lui restera toujours! Ces deux âmes s'étaient identifiées à tel point que le départ de l'une devait causer à l'autre un mal profond, peut-être inguérissable. Aussi la santé de Mme Joséphine en fut-elle ébranlée, et de violents maux de tête lui rendirent le travail pénible. Sur l'ordre du docteur, elle dut, chaque jour, faire un moment de trêve à ses travaux intellectuels, pour s'occuper de jardinage. Elle obéit dans cette circonstance, comme elle avait obéi, comme elle entendait obéir toute sa vie, et s'adonna à la culture des fleurs, ainsi qu'elle avait fait pour celle des âmes; de l'une à l'autre d'ailleurs l'analogie est facile, et on ne saurait douter qu'une âme aussi intérieure n'ait vu dans ce rapprochement autre chose que le gracieux emblème qui a cours partout. A ses yeux: « toute créature, selon le mot de l'*Imitation* (1), était un miroir de vie et un livre de sainte doctrine ». Les fleurs lui parleraient des âmes de sa jeunesse chérie, et les unes, par les autres, lui parleraient de Dieu.

Son petit jardin est resté gravé dans le souvenir de ses anciennes enfants, car il a eu dès lors son rôle dans leur vie de pensionnaires comme dans celle de leur maîtresse. Pendant les récréations, et quand elles avaient été sages, elles allaient ensemble manier le râteau, la pioche et l'arrosoir; alors chacune donnait libre cours à ses goûts folâtres : il dut s'y rencontrer plus d'une dame Tripote!

Un jour d'été, pour réjouir les yeux de Mme Joséphine, ces étourdies imaginèrent de fleurir les arbrisseaux; elles dépouillèrent les massifs et parsemèrent adroitement de fleurs les branches vertes : les fusains, les lilas portaient des roses, des pétunias, des géraniums... L'effet fut de courte durée, mais on rit de tout son cœur!

Mais, mieux que cela, ce parterre fournissait à ces heureuses enfants un moyen de prouver leur reconnaissance à celle qui donnait sans compter son temps, sa prière et sa vie. On s'empressait d'apporter plantes et graines nouvelles, et l'on cherchait quel arbuste pourrait être offert, le 19 mars, pour fêter, à la fois, saint Joseph et Mme Joséphine.

(1) Imit., liv. II, ch. IV.

Ce jour-là, les avenues du Sacré-Cœur présentaient l'aspect le plus animé; les anciennes élèves arrivaient de toutes parts, chargées de bouquets qui venaient orner à profusion l'autel de Marie et de son glorieux Époux. Mme Joséphine passait sa journée à recevoir les visites et les vœux; elle répondait à tous, avec cette affabilité, cette effusion de cœur qui lui étaient si naturelles.

Le 19 mars était impatiemment attendu aussi par les élèves de sa classe. Le caractère religieux de cette réjouissance ne devait-il pas la faire tolérer et accepter? D'abord c'était un courant unanime et irrésistible. Toutes se préparaient à la sanctifier en s'approchant des sacrements. Cette union par la prière touchait profondément Mme Joséphine, et lui donnait l'occasion d'offrir à Dieu des témoignages qui ne lui étaient donnés que pour être déposés en un hommage plus doux et plus parfumé au pied du divin Cœur de Jésus, source de tout amour pur.

Au point de vue de l'éducation, cet élan ne devait point être réprimé, puisqu'il fournissait l'occasion d'encourager et de développer cette rare et délicate vertu : la reconnaissance.

Enfin, au point de vue des études, c'était un stimulant, puisque les préparatifs de cette fête de famille occupaient ses élèves longtemps à l'avance. Elles savaient que leur maîtresse bien-aimée attachait plus de prix à un travail personnel qu'aux cadeaux les plus riches; aussi une composition en vers accompagnait toujours les présents. Ces compositions s'intitulaient: l'Etoile du bonheur, la Vierge adoratrice; d'autres fois : les Anges de la jeune fille, le Nid des huit colombes, l'Essaim d'abeilles au Sacré Cœur, etc. La préparation en était toujours difficile; la soustraire aux regards de Mme Joséphine était un vrai problème. Les plus habiles recueillaient leurs idées en allant et venant, au réfectoire, au dortoir; mais il fallait réunir ces jets épars et en faire un ensemble où l'unité ne fît pas trop défaut : là était la difficulté. La maîtresse, aide de Mme Joséphine, entrait dans le secret et tâchait de donner du temps pour ce travail.

Jamais la jeunesse n'a su feindre, encore moins modérer ses élans; on prenait bien la résolution d'opérer sans bruit; mais toujours quelques éclats éveillaient l'attention de la directrice; il était rare que celle-ci n'apparût pas tout à coup; alors des sourires, des regards inquiets s'échangeaient entre jeunes filles; vite, les brouillons se dissimulaient dans les pupitres ou dessous les cahiers. Mme Joséphine voyait que l'on n'était pas au devoir, elle grondait; on avait grand' peine à se contenir; bientôt un rire général envahissait toute l'assemblée : Mme Joséphine grondait plus fort et parfois, pour rétablir l'ordre, venait s'installer à l'estrade.

Ce n'était pas ce qu'auraient voulu ses enfants.

Aussi, pour prévenir de tels orages, on les a vues en désigner une pour faire le guet, et, au moindre bruit, on prenait sérieusement le fil d'une leçon qui n'avait pas encore été commencée...

Le récit de ces incidents égayaient la soirée où s'offraient les vœux. Alors, entourée de tous ces petits visages épanouis, Madame Joséphine riait aux larmes et disait : « Mes pauvres enfants, que de peine je vous ai donnée ! Je ne me doutais nullement qu'on s'occupât de saint Joseph ; une autre fois, je tâcherai d'y penser ! »

L'année suivante, les promesses étaient oubliées, et il fallait imaginer de nouvelles manœuvres et user de ruse pour arriver à ses fins.

Oui, elles étaient belles ces fêtes, auxquelles l'union des cœurs donnait tant de charmes ; à plus de trente années de distance, on en savoure la douceur intime, et le souvenir en est encore vivant !

Ces joies, différentes de celles du monde, ne laissaient ni lassitude ni regret. Au lendemain, on reprenait le travail avec une nouvelle ardeur.

CHAPITRE VIII

LES ÉTUDES : MOYENS D'ÉMULATION — CATÉCHISMES : RÉDACTIONS DE DOCTRINE

Madame Joséphine ne négligeait rien de ce qui pouvait assurer dans sa maison la supériorité de l'enseignement. Elle se tenait au courant de tous les changements apportés aux programmes et acceptait, avec discernement, les livres et les méthodes nouvelles. Elle n'était satisfaite qu'après avoir introduit les modifications reconnues urgentes, quelque onéreuses qu'elles fussent. Mais ces résultats ne s'obtenaient pas sans peine. On l'entendait souvent gémir de la surcharge écrasante des programmes, surtout en sciences et en mathématiques. Elle trouvait, avec trop de raison, qu'on manquait de temps pour l'étude de la religion, dont les dogmes, la morale et l'histoire ont tant d'importance, non seulement pour former dans l'élève une vraie et solide chrétienne, mais même pour élever en elle l'intelligence, tremper le caractère et achever l'éducation. Elle se plaignait qu'on ne pût donner aux études littéraires, par des analyses judicieuses et des compositions proportionnées à l'âge, le développement qui est la meilleure culture de l'esprit non moins que de l'imagination et du cœur. Le temps qui restait pour les travaux d'aiguille, si nécessaires à la femme, lui paraissait aussi trop restreint; de même elle ne se désintéressait pas des arts : dessin, piano et chant, qui avaient pris au Sacré-Cœur, sous d'habiles directions, un essor et une importance remarquables.

Elle eut toujours une industrie singulière pour assigner à toutes choses le temps voulu et rendre l'éducation aussi complète que possible, en satisfaisant toutes les exigences, sans excéder les forces physiques.

Pour arriver à ce résultat, il importait de tenir constamment en éveil l'attention des enfants, depuis les petites classes jusqu'aux grandes, de doubler leur émulation et leur ardeur par des concours souvent répétés, et des cours spéciaux auxquels elle savait donner de l'intérêt.

C'est ainsi qu'en 1867, elle inaugura les séances académiques. Ce titre paraîtrait un peu prétentieux si l'on n'en connaissait l'origine. Mme Joséphine nous avait lu : les *Souvenirs de Saint-Nicolas*. Ce livre intéressant avait excité nos ambitions; nous aimions notre couvent, comme les élèves de Mgr Dupanloup aimaient leur séminaire, et nous aurions voulu voir s'établir parmi nous, dans une mesure relative, quelques-uns des moyens d'émulation indiqués par l'éminent éducateur. Mme Joséphine, toujours prête à seconder les élans de la jeunesse, sourit à notre désir et il fut décidé que l'on formerait « la petite Académie du savoir modeste ». Les réunions avaient lieu, le jeudi, de 3 heures à 4 heures, dans la grande salle des exercices. Les élèves des premières classes étaient admises; Mme Joséphine présidait, au milieu des autres maîtresses; les académiciennes occupaient, en face, les places d'honneur.

Citons ici le discours d'ouverture :

« Je suis heureuse, mesdemoiselles, de saluer l'ère nouvelle qui va s'ouvrir pour nous. Dans cet asile béni, nos maîtresses font naître, dans nos cœurs, les vertus, base de toute éducation chrétienne. Leur sollicitude prévoyante veut aussi que nos esprits s'appliquent à l'étude des lettres et des sciences propres à les former, à les embellir.

« Jusqu'à ce jour, sans doute, ce double but a été atteint; depuis longtemps, la plupart des compagnes qui nous ont précédées dans ce séjour, font rayonner autour d'elles la double auréole de la vertu et du savoir.

« Mais ici-bas toute chose peut se perfectionner, et c'est un perfectionnement, ou plutôt un gracieux encouragement, qui nous est offert par la constitution de cette académie. »

Le discours expose ensuite l'étymologie du mot Académie, puis l'histoire de cette docte assemblée dans toutes les nations et jusqu'à nos jours; puis il se termine ainsi :

« Notre réunion n'est qu'une faible image des illustres institutions dont je viens de parler. Cependant l'admission dans son sein sera pour vous un événement. Cette admission ne sera point une faveur gratuite : pour l'obtenir, on exige une conduite régulière et quinze places de première.

« Voici l'arène ouverte : que chacune s'élance avec ardeur et courage. Sans doute, vous n'ambitionnez pas la couronne d'or des jeux olympiques, mais le précieux suffrage d'une maîtresse chérie ; votre réception parmi nous sera la récompense de vos nobles efforts. »

On devine l'émulation qui s'établit alors dans le pensionnat. Quand on avait obtenu le titre si ambitionné d'académicienne, il fallait lire un discours de réception : c'était encore un moyen de redoubler l'ardeur pour le travail. Ces dissertations, que l'on nommerait aujourd'hui compositions pédagogiques, cachaient souvent sous les charmes du style de salutaires enseignements. Voici le titre des sujets proposés : Importance de l'éducation. — Rôle de la science dans l'éducation d'une jeune personne. — De la volonté et du travail. — La politesse. — Jugement, mémoire, imagination, goût et génie.

Après quelques mois d'un fonctionnement régulier, l'Académie « du savoir modeste » dut suspendre ses réunions; on n'avait plus de longues heures à consacrer à des questions spéculatives. Elles se transformèrent en séances littéraires. Mme Joséphine indiquait alors un travail à préparer; mais le plus souvent elle faisait elle-même les frais de ce cours intéressant.

Avec quelle vie, quel entrain, nous répondions à ses interrogations! Comme nous étions heureuses de lui ménager quelquefois des surprises! C'était une composition faite à son insu, des parallèles, des énigmes historiques, des étymologies curieuses; enfin mille choses ingénieuses qui occupaient utilement les loisirs, non sans aider à la raison et à l'effort.

Avons-nous même besoin de dire que, au-dessus de ces exercices, Mme Joséphine plaçait l'étude de la religion qui forme les cœurs par les pratiques de la foi? Cette affirmation se déduit trop naturellement du caractère que nous lui avons reconnu. Elle se faisait une loi et un bonheur d'assister aux cours de doctrine, et des motifs très graves pouvaient seuls l'en empêcher. « Aussi, disait-elle gaîment, je dois commencer à savoir mon catéchisme, j'y assiste depuis plus de cinquante ans! » Et elle ajoutait: « Eh bien, le croiriez-vous? j'en sors toujours avec de nouvelles lumières! »

C'est que, la sainte parole était vraiment, pour elle, l'écho du Verbe éternel, qui, dans son inaltérable et fécond mérite, renferme tous les mystères, éclaire toutes les vérités et dispense toutes les grâces, sous cette diversité infinie que saint Paul s'est plu à nous décrire.

Cet amour des choses de Dieu était pour elle une passion qu'elle aurait voulu communiquer à la jeunesse. Elle ne pouvait comprendre qu'on n'apportât qu'une demi attention aux études religieuses et que l'on répondît avec peu d'ardeur aux interrogations. « Mes enfants, disait-elle, je juge là de votre piété par vos réponses. » Et si quelque étourdie méritait pour le reste de sa conduite des observations même fréquentes, elle était prompte à pardonner, si l'enfant satisfaisait au catéchisme.

A des époques déterminées, les élèves résumaient cet enseignement fondamental dans des rédactions de doctrine. A la grande joie de Mme Joséphine, elles apportaient à ce travail le soin et le respect qu'il comporte. Les plus complètes étaient lues en public; M. l'aumônier les revoyait minutieusement, les classait, indiquait les corrections à faire, et les meilleures, souvent très satisfaisantes, étaient transcrites sur un Livre d'honneur.

CHAPITRE IX

LES FÊTES AU PENSIONNAT — LA SAINTE CATHERINE — LES RÉCRÉATIONS — INFLUENCE DE Mme JOSÉPHINE SUR LES ÉLÈVES ET SUR LEUR FAMILLE

Comme toute véritable éducatrice, Mme Joséphine comprenait qu'un travail assidu demande à être interrompu de temps en temps par de joyeux délassements : l'arc ne peut rester toujours bandé, a dit le sage. Nous avons vu maintes fois déjà, dans le cours de ce récit, comment elle favorisait cette détente de l'esprit. Mais c'est surtout dans les jours de joyeux ébats qu'elle montrait son industrie et son cœur.

Nous nous souvenons toutes de ce bruyant anniversaire de sainte Catherine ; il revient chaque année réjouir grandes et petites. Nulle, mieux que Mme Joséphine, n'en sentait l'importance au point de vue de l'éducation. Elle choisissait, longtemps à l'avance, avec un tact parfait, retouchait avec soin et souvent composait elle-même des pièces remarquables ; les drames des martyres chrétiennes avaient pour elle un attrait particulier, parce qu'elle faisait passer dans ses héroïnes les ardeurs de sa belle âme, cherchant ainsi à les communiquer, aux « actrices » d'abord, puis à tout leur petit auditoire.

Mais pour cela il fallait s'oublier, ne plus être Mlle une telle, mais sainte Catherine elle-même, saint Louis, Blanche de Castille, Marie Stuart, sainte Elisabeth; en un mot, il fallait s'identifier avec son rôle et faire disparaître sa propre personnalité. Quel travail pour Mme Joséphine qui, elle, s'identifiait avec le rôle de chacune et multipliait les exercices ! Après avoir désigné, pour les premiers personnages, les sujets les plus intelligents ou ceux qu'elle voulait former, ils subissaient sous son effort une trituration qui provoquait souvent des angoisses et des larmes. Mme Joséphine tonnait à la dernière répétition ; on en sortait émue et moulue ! Coûte que coûte, il fallait que tout allât au mieux.

Là, comme ailleurs, elle n'avait en vue que cette recherche de la perfection en toutes choses qui tourne au profit des âmes. L'heure de la représentation étant arrivée : « Mes enfants, répétait-elle, disons toutes une petite prière : il s'agit de bien faire et surtout de faire du bien. » Et comme l'on avait à cœur de la contenter, chacune se mettait à genoux, priait, puis se donnait de toute son âme.

Dans ce rappel de nos meilleurs souvenirs de pension, pouvons-nous omettre les dates tant aimées du 9 mars, du 15 et du 17 juillet? Là, dans ces fêtes intimes, tous les cœurs vibraient à l'unisson, sous l'influence bénie de la piété filiale.

Ce n'était pas seulement à ces fêtes que s'intéressait Mme Joséphine; toute récréation était à ses yeux une œuvre importante et, comme tous les actes de notre vie, devait se faire sous le regard de Dieu, avec les règles de la charité, de la docilité et de la vertu. Là, comme ailleurs, elle combattait l'égoïsme et voulait que les plus âgées se prêtassent de bonne grâce, lorsqu'elles y étaient invitées, à amuser les plus jeunes. Ainsi l'esprit de famille se maintenait dans le pensionnat; les grandes élèves, comme les aînées, étaient obéies et respectées; on en jugera par le fait suivant :

Un jour, la moitié du pensionnat s'amusait sur la terrasse ; une des surveillantes, en prenant part aux jeux, fit un faux pas et se démit le genou ; les religieuses s'empressèrent autour d'elle, afin de la transporter à l'infirmerie. Aussitôt, une enfant de Marie rallie les élèves au nombre de quatre-vingts et, en l'absence des maîtresses, on achève si sagement la récréation que la Révérende Mère, qui avait tout vu de sa fenêtre, en fit, à la dominicale, un chaleureux compliment.

Que dirons-nous de l'influence que Mme Joséphine

exerçait sur tout le pensionnat? Quand on la voyait paraître, son regard seul suffisait pour rétablir le silence; on la craignait, tout en se sentant, par une naturelle confiance, attirée vers elle. Quand sa voix résonnait, c'était le rappel au devoir, c'était l'oracle qui avait parlé; on restait sous l'impression et les plus indociles ne pouvaient lui résister.

Durant une absence de la maîtresse générale, motivée par une indisposition, la religieuse qui la suppléait n'avait pas, paraît-il, le don d'inspirer cette crainte salutaire qui est le commencement de la sagesse. Un soir, le pensionnat réuni se disposait à faire la prière; mais ces demoiselles trouvaient bon de se donner avant un petit supplément de récréation, et l'on causait à qui mieux mieux. La pauvre maîtresse multipliait les signaux d'usage; personne n'écoutait. Alors elle eut une inspiration soudaine, elle sortit, rencontra Mme Joséphine et la pria d'entrer dans la salle. L'effet fut instantané : chaque élève reprit sa place, le silence s'établit sur-le-champ et, sans qu'elle eût un mot à dire, la prière commença dans le recueillement le plus parfait.

Mme Joséphine, qui travaillait toujours en prévision de l'avenir, ne perdait aucune occasion d'instruire les parents sur les vrais intérêts de leurs enfants. Que de fois elle a voulu réformer des préjugés ou éclairer une tendresse trop faible ! Ceux qui se sont rendus à ses conseils n'ont eu qu'à se féliciter, et plus d'une mère qui s'était refusée à accepter ses avis, en gémissait plus tard. Quant aux élèves, celles qui n'écoutaient que leur jugement droit et leur raison, lui rendaient pleinement justice et lui vouaient une reconnaissance profonde, pour cette sympathie, cet appui qu'elle leur avait prêtés dans leurs difficultés et leurs peines.

Il n'était pas jusqu'à la distribution des prix qui ne fournît à Mme Joséphine l'occasion d'atteindre son but. Quelquefois elle disait à une enfant : « Je vous donne ce livre, il est un peu sérieux pour votre âge ; plus tard vous le comprendrez mieux ; mais, en attendant, il fera plaisir à votre bonne mère. » D'autres fois : « Ce volume intéressera votre père ou votre frère. » Ou bien : « Voilà un ouvrage que vous pourrez lire en famille, pendant vos soirées, et qui vous récréera tous avec fruit. » On la sentait toujours animée de ce besoin instinctif de faire le bien et d'atteindre toutes les âmes.

Des pères et des mères venaient lui demander des conseils pour la direction à donner à leurs filles, après la sortie du pensionnat ; pour elle qui avait étudié attentivement leurs tendances, elle ne pouvait qu'être judicieuse et ferme. On a vu un père de famille, après avoir eu la douleur de perdre sa femme, ancienne et fidèle élève du Sacré-Cœur, venir consulter souvent Mme Joséphine, comme s'il retrouvait en elle les sollicitudes maternelles dont ses enfants avaient été trop tôt privés.

Le frère d'une ancienne élève, morte depuis longtemps, écrivait dernièrement aux Chartreux : « La sœur que j'ai perdue nous a laissé un tel parfum de vertu et le souvenir d'un caractère si accompli, que je n'ai qu'un désir, c'est que ma petite fille lui ressemble en tous points. Pour cela, je veux qu'elle soit élevée au Sacré-Cœur, dans ces principes qui avaient fait de sa tante un ange de perfection. »

CHAPITRE X

BREVETS DE CAPACITÉ — ŒUVRES DIVERSES D'ÉDUCATION

Madame Joséphine se voyait entravée souvent, par la préparation aux brevets de capacité, soit dans l'impulsion donnée aux études d'un ordre supérieur, soit dans les moyens de pieuse émulation qu'elle aimait à employer. Aussi, se gardait-elle de pousser les élèves dans cette voie. Seulement, lorsque quelque famille le demandait, elle se livrait à ce labeur avec l'ardeur et la conscience qu'elle apportait à toutes choses. Presque chaque année, quelques élèves avaient à subir leurs examens, et là, comme ailleurs, on obtenait ordinairement pleine satisfaction.

Mais s'il s'agissait des jeunes religieuses, prendre un brevet semblait à Mme Joséphine une affaire de la première importance, puisque ce titre est exigé par les lois universitaires. Aussi, dès qu'elle reconnaissait dans une novice quelque aptitude à l'enseignement, elle obtenait de la Révérende Mère la permission de la faire travailler sans relâche.

Brevets élémentaires, brevets supérieurs, certificats d'aptitude pédagogique, rien ne l'effrayait et, on peut le dire, le succès répondait à ses efforts. Mme Joséphine accompagnait les aspirantes à l'examen; elle les excitait et aiguillonnait leur courage dans ces moments difficiles. Plusieurs fois, comme par une sorte d'inspiration, elle a fait repasser, la veille ou le matin, la partie même sur laquelle devait se porter l'interrogation.

Un jour entre autres, la timide débutante lui confiait ses appréhensions, car le lendemain était fixé pour les épreuves orales : « Repassez l'Algérie, » lui dit-elle. Et à la séance, on la questionnait sur notre colonie africaine. Nous pourrions citer plusieurs faits semblables; aussi elle ne revenait presque jamais sans répéter : « Tout a été béni, béni, béni ! L'action de la Providence a été visible ».

Lorsque Mme Joséphine accompagna à Bourg plusieurs de ses sœurs pour l'examen du certificat pédagogique, elle demanda à assister aux épreuves pratiques : « Ce n'est pas l'usage, répondit un examinateur. — C'est vrai, reprit le président, mais on peut le permettre à Madame ».

Les mêmes rapports de parfaite bienveillance se remarquaient avec les inspecteurs primaires. Chaque fois qu'ils vinrent visiter notre Etablissement, Mme Joséphine, redoublant d'affabilité et de politesse, se prêta à tout ce qui lui était demandé, avec tant de droiture, qu'elle recevait toujours à la fin des paroles aimables et obligeantes. Du reste, il en était ainsi avec tous ceux que sa charge de directrice des études mettait en rapport avec elle.

Il y a quelques années, elle proposa sa démission à l'inspecteur d'Académie, mais ce ne fut pas accepté. Au mois d'août 1893 (qu'on nous pardonne ce détail anticipé), l'employé de la mairie témoigna tout son regret de son changement : « Voilà longtemps, dit-il, que j'ai affaire avec Mme Billandon et les rapports ont été si faciles! pourquoi ne pas continuer encore ? » Et Mme Joséphine de répondre : « Monsieur, Mme Billandon est trop vieille, vous le voyez, et elle a bien gagné sa retraite ! »

L'intérêt que Mme Joséphine prodiguait aux études dans la maison de Lyon, s'étendait aussi dans les succursales; mais aucune ne lui était plus chère que celle de Grandris. Elle avait la plus grande sollicitude pour l'école communale du village, dirigée par les religieuses du Sacré-Cœur. Les enfants y étaient très nombreuses; il fallait se tenir au niveau des programmes pour prévenir, ou retarder au moins, cette funeste main mise de l'Etat sur les écoles, qu'on appelle aujourd'hui laïcisation.

Aussi, il n'était sorte d'encouragement que Mme Joséphine n'imaginât pour soutenir cette œuvre. Après le succès des brevets, elle continua à aider celles qu'elle appelait « ses petites sœurs de l'externat », de ses sages conseils, les éclairant dans leurs difficultés, dans leurs épreuves et les dirigeant sans cesse par son expérience. Elle entrait dans les moindres détails, pour choisir leurs livres de prix, pour modifier ou, au besoin, composer les pièces de débit qui devaient se réciter aux fêtes; enfin elle faisait prier pour les examens du certificat d'études primaires. Sa charité aidait certainement beaucoup à la réussite : « Aucune œuvre n'est petite, disait-elle, quand il s'agit des âmes ».

Ce besoin impérieux d'éclairer, d'instruire et d'inculquer les vertus chrétiennes, s'étendait jusqu'aux domestiques de la maison. Toute la semaine, elle le savait, ils étaient occupés à leurs travaux; mais le dimanche matin, elle se rendait auprès d'eux; elle s'informait de tout ce qui pouvait les intéresser et les gagner à ses désirs apostoliques. Afin d'avoir mieux le droit de les faire s'occuper de leurs intérêts spirituels, elle leur parlait de leur instruction élémentaire, des avantages qu'ils tireraient un jour de l'avoir acquise à un certain degré.

Ces braves gens, confus de se voir l'objet de tant de bonté, n'osaient d'abord accepter : « Je vous remercie bien, ma sœur, lui répondit l'un d'eux, mais nous sommes déjà un peu vieux, et puis, nous ne voulons pas faire des notaires! » Cette réponse ne la déconcerta pas, elle revint à la charge.

Ces grands écoliers se rendaient enfin. Une fois maîtresse de leur confiance, elle leur parlait de Dieu et des sacrements. Plusieurs lui vouèrent une sincère reconnaissance et, pour la prouver, s'empressaient de lui rendre mille petits services, comme de lui faire la surprise de travailler son jardin et d'y semer des fleurs rares.

CHAPITRE XI

ANNÉES 1870-71 — Mme JOSÉPHINE ET LE SACRÉ-CŒUR PENDANT LA GUERRE

La terrible année de 1870, eut pour le Sacré-Cœur, comme pour toute la France, des tristesses, des larmes, des angoisses. Cette guerre s'abattait sur notre pays comme le fléau de Dieu : toute vie était comme suspendue; on entrevoyait l'avenir chargé de nuages de plus en plus sombres; un jour s'achevait dans de mortelles inquiétudes, le lendemain apparaissait plus redoutable encore et ceux que ne leurraient pas de chimériques espoirs, n'attendaient plus que du ciel leur force et leur délivrance.

Quelques jours après la proclamation de la République, 4 septembre 1870, Mère Jeanne-Françoise revenant de Grandris, rentrait à la maison mère de Lyon, lorsqu'elle se vit suivie par une troupe de mobiles qui venaient à l'improviste s'installer dans une aile de l'établissement. La Révérende Mère, très surprise, dépêcha Mme Joséphine au chef de la troupe pour avoir des explications. M. C*** (c'était le chef) fut très poli dans sa réponse et assura qu'il veillerait au maintien de l'ordre parmi ses hommes. Il eut avec elle plusieurs entretiens et, quand il avait besoin de quelques services, il faisait demander Mme Joséphine. Elle profita de ces dispositions pour exercer un véritable apostolat parmi ces jeunes gens. De temps en temps elle allait, avec sœur Placide, visiter les cloîtres et les appartements où ils étaient installés, leur disant quelques bonnes paroles, leur inspirant surtout une grande confiance en la très sainte Vierge.

Un dimanche matin, le clairon avait sonné le rappel pour l'exercice, sur la place d'armes; Mme Joséphine alla inspecter le dortoir pour constater les dégâts qu'on disait avoir été commis. Un pauvre mobile qui ne s'était pas rendu avec ses camarades, était demeuré couché. Elle l'aperçut et comprit qu'il cherchait à se cacher. Alors elle s'approcha : « Qu'avez-vous, mon ami? lui dit-elle, ne craignez pas; souffrez-vous? » A ces paroles, le malheureux fondit en larmes : « Oh! si vous saviez, ma sœur, lui dit-il, combien je suis triste! Je ne veux plus vivre! J'ai laissé mon père presque à l'agonie! Cette pensée me déchire l'âme. » Mme Joséphine ranima son courage, lui parla du bon Dieu, avec une onction si persuasive, qu'en se retirant elle avait non seulement réconforté un courage affaibli, mais elle avait converti une âme. Le soir, il demandait à se confesser, et, avant de partir pour Nuits, où il devait aller combattre, il voulut revoir une dernière fois cette « bonne religieuse ».

Un autre jour, le médecin de l'armée était venu visiter les malades; un jeune homme avait, sur le cou, une plaie qui fut percée avec la lancette, et après cette opération, il était renvoyé brusquement. Mme Joséphine le rencontra et alla elle-même chercher de la charpie et des linges pour panser sa blessure.

A d'autres, elle donnait un scapulaire, une médaille; son regard était si compatissant qu'on les entendait dire : « Cette sœur, elle est vraiment bien bonne, elle comprend nos douleurs. »

Durant tout le temps que les mobiles restèrent au Sacré-Cœur, on ne saurait énumérer les services qu'elle leur rendit. A quelques-uns, elle servit de secrétaire, consentant à écrire leurs lettres à leurs familles. A d'autres, elle faisait le catéchisme et, dans leurs moments libres, ils récitaient les prières qu'elle leur avait apprises.

Pendant deux mois environ, plusieurs régiments occupèrent la maison; Mme Joséphine demanda à M. l'abbé Desgeorges qui venait dire la messe chaque jour, si l'on ne pourrait pas faire, le soir, une petite conférence pieuse à ces jeunes soldats. Tout était prêt mais ce projet s'ébruita; il vint jusqu'aux oreilles des autorités civiles. Craignant pour ces hommes ce soi-disant fanatisme, ordre fut donné de faire descendre immédiatement le détachement au fort de la Vitriolerie.

Mme Joséphine en fut peinée. Elle aurait voulu organiser comme une petite mission, et avoir la consolation de faire confesser et communier tous ces jeunes gens. Notre-Seigneur a dû lui tenir compte de ce désir et de ce zèle pour sa gloire et pour le salut des âmes.

La supérieure générale reçut un jour une lettre demandant de l'argent au nom du citoyen Chépié, chef du comité de Salut public, à Lyon. On devait immédiatement déposer les sommes que l'on disait destinées au soulagement des pauvres de la ville. Cette requête affligea beaucoup Mère Jeanne-Françoise; les ressources étaient si modiques en ce moment!

Cependant, après avoir pris conseil, elle se crut dans l'impossibilité de refuser. C'est Mme Joséphine qui lui parut la plus apte à débattre cette question avec la mairie centrale ; l'esprit de foi et la confiance en Dieu dont elle était toujours pénétrée devaient lui donner le calme, le sang-froid et le tact nécessaires pour une mission si critique. La Supérieure lui remit tout l'argent dont elle pouvait disposer, en lui disant : « Priez la très sainte Vierge de vous inspirer ce que vous aurez à dire et tâchez de nous rapporter une partie de la somme que je vous confie ».

Mme Joséphine, revêtue d'habits séculiers, se rendit

à l'hôtel de ville, accompagnée de la concierge de la maison. « On ne peut se figurer, nous disait-elle, au retour, le désordre qui régnait dans toutes les salles. De tous côtés, les orgies de la veille avaient laissé des traces ; sur les canapés, sur les fauteuils, une malpropreté révoltante ; sous les tables, des débris de festins, des verres cassés, des bouteilles vides. Une bande de gens grossiers, ivres, l'air furieux, tourbe des rues sans cœur et sans oreilles, allaient et venaient, chantant d'ignobles chansons.

« Je commençais à être effrayée. Je m'adressai à un homme qui paraissait être le chef de cette bande et je lui demandai une audience avec le citoyen Chépié. Cet homme s'empressa de se rendre vers lui et, au bout de quelques minutes, je le vis revenir. « Suivez-moi, me dit-il, mais seule, laissez votre servante en bas. » Je montai en tremblant l'escalier conduisant au cabinet de Chépié. A ce moment, je fis appel à l'infinie bonté de Dieu, et aussitôt le courage me revint. — « Que désirez-vous, citoyenne ? — Citoyen, je viens au nom d'une propriétaire des Chartreux pour avoir l'explication d'une demande qui lui a été faite en votre nom. » — Sans en entendre davantage, il s'emporta : « C'est affreux, dit-il avec colère, on me trompe ainsi chaque jour ! On se sert de ma signature pour commettre de véritables injustices ! »

Il aurait continué sur le même ton, mais Mme Joséphine reprit avec calme : « Excusez-moi, citoyen, c'est tout ce que je voulais savoir; je vous remercie; veuillez recevoir mon respect. » Et plus vite qu'elle n'était montée, elle redescendit l'escalier.

Arrivée au bas, elle s'entend appeler : « Citoyenne, citoyenne ! Je réfléchis ; peut-être m'apportez-vous de l'argent ? » — Et sans attendre, feignant de n'avoir pas compris, elle répétait : « Merci, citoyen, je vous présente mon respect. »

Puis, en toute hâte, elle rentre au Sacré-Cœur avec la somme restée intacte. Que de fois elle aimait à nous raconter ce trait visible de la protection divine à son égard !

Le 22 septembre 1870, dans la soirée, on vint prévenir la Révérende Mère qu'on visiterait la maison. Dans la crainte de quelque sacrilège dans la chapelle, on avertit un prêtre des Chartreux de venir chercher la sainte Réserve. Après avoir mis Notre Seigneur à l'abri, Mère Jeanne Françoise et Mme Joséphine passèrent une partie de la nuit en prière devant le Tabernacle ouvert. Elles voulaient représenter, dans ce sanctuaire, désolé par la perte de l'hôte divin qui en était l'unique joie, la communauté dispersée. Il avait connu, pendant sa vie mortelle, l'exil et ses angoisses : que se passa-t-il dans ces âmes abîmées de douleur, mais réconfortées par de si émouvants rapprochements ? Du moins l'épreuve ne fut pas longue ; Jésus daigna, dès le lendemain, consoler ses adoratrices. La visite que l'on appréhendait n'eut pas lieu. La sainte messe fut dite et l'adorable sacrement remis dans le tabernacle pour ne plus le quitter.

Cependant les mauvais jours ne devaient pas si tôt finir. Les mois d'automne s'écoulèrent; puis l'hiver vint à son tour, ramenant des froids intenses et prolongés qui compliquèrent encore les souffrances et les privations.

La douce fête de Noël ranima un peu la joie au Sacré-Cœur. On entoura la crèche du divin Enfant, et la messe de minuit fut célébrée dans le recueillement et la ferveur. Les chants étaient soutenus par des voix bien faibles. Dans ce chœur un peu grêle dominait cependant une basse vigoureuse et sonore : on le devine, c'était la voix de Mme Joséphine qui donnait tout son effet! M. Desgeorge, après avoir célébré le triple sacrifice, en faisait finement la remarque. Et, se retirant, il s'informait si les religieuses, transies de froid, iraient prendre un repos bien nécessaire, après la veille sainte : il lui fut répondu que l'adoratrice ne délaisserait pas le Cœur de Jésus. En effet, malgré le petit nombre de sujets restés au couvent, l'adoration n'a pas été interrompue, ni le jour, ni la nuit.

Fidèles à leur vocation, ces âmes pures ne cessaient d'implorer grâce et miséricorde.

CHAPITRE XII

FIN DE LA GUERRE — RENTRÉE DES CLASSES
LA CHAPELLE DES ENFANTS DE MARIE

Cette guerre qui amoncelait tant de ruines, semblait prendre tous les jours un plus redoutable accroissement. Lyon s'attendait à subir à son tour les horreurs d'un siège; les masses allemandes s'avançaient pour l'anéantir. Mais les Lyonnais catholiques n'avaient pas perdu l'espérance dans la Vierge, qui, du haut de la colline, étendant les mains sur la cité, leur a tant de fois donné les gages de sa protection. Avec plus de ferveur que jamais, ils élevaient vers elle leurs bras et leurs yeux suppliants. Elle daigna les exaucer et leur épargner les calamités suprêmes qu'ils redoutaient avec raison. Le prince Frédéric-Charles arrêta tout à coup sa marche envahissante, qu'il avait l'ordre de diriger sur la Loire. Peu de temps après, une paix, chèrement achetée, mettait fin à nos craintes, sinon à nos douleurs.

Le Sacré-Cœur ne tarda pas à voir accourir tous ses enfants. Les épouses du Christ retrouvèrent, avec une indicible joie, l'asile qu'elles s'étaient choisi près du divin Tabernacle; le pensionnat rentra à son tour et, au mois d'avril 1871, se rouvrirent les cours des travaux scolaires.

Nous retrouvons Mme Joséphine à son poste d'éducation et de plus, maintenue dans toutes ses charges et confirmée définitivement dans celle de directrice des Enfants de Marie qui lui avait été confiée depuis 1863.

Un de ses désirs, exprimé fréquemment à la Révérende Mère, et souvent aussi confié à Notre-Seigneur et à la divine Vierge, était d'avoir une chapelle spécialement destinée à sa chère association. Cette demande fut enfin entendue. Une pièce vaste, largement éclairée, fut cédée pour être transformée en oratoire. Les travaux, commencés en 1872, s'achevèrent en 1874; la décoration en était sévère et gracieuse à la fois; une statue de Marie Immaculée se dressait sur son trône de grâces.

La joie de notre heureuse directrice était à son comble. Voici comment, dans les Annales de la congrégation, elle raconte elle-même la bénédiction de cette chapelle qu'elle nommait en souriant « sa petite basilique ».

« Le 20 juillet 1874 sera une date mémorable pour les Enfants de Marie, car ce jour réalisa leurs vœux les plus chers. Elles désiraient posséder un sanctuaire spécialement consacré à leur puissante patronne, où elles pourraient prier aux jours de réunions et où leurs noms seraient inscrits sur un catalogue monumental.

« Depuis deux ans déjà, une chapelle provisoire réunissait les congréganistes, sans satisfaire entièrement leur ambition. Quelle fut leur joie lorsqu'elles la virent se transformer et s'enrichir de peintures et de vitraux ! Un autel, artistement décoré, faisait présager que l'auguste victime pourrait y être immolée à ses jours : quelle radieuse espérance pour les générations à venir !

« Le 20 juillet 1874, Mgr Ginoulhiac, archevêque de Lyon, daigna mettre le comble au bonheur de toutes en venant bénir lui-même cet oratoire. Après la cérémonie, Sa Grandeur adressa aux Enfants de Marie de bienveillantes paroles, et il termina par ces mots : « Vous viendrez souvent prier Marie dans « cette chapelle qui lui est solennellement dédiée ; vous « y recevrez des grâces de choix, et je demande au Sei« gneur d'y exaucer tous vos vœux. »

« *Première Messe.* — Le même jour, Mgr Thibaudier, vicaire général du diocèse, fut invité à célébrer la première messe dans ce béni sanctuaire. Il répondit à l'invitation qui lui fut faite : « Vous me procurez un honneur, et j'ajouterai, un vrai bonheur, en me proposant d'offrir le saint Sacrifice pour la première fois dans une chapelle dédiée à la Vierge immaculée, car cette bonne Mère accorde ordinairement au prêtre qui a ce privilège, des grâces surabondantes. J'accepte donc de tout cœur, heureux de mêler ma prière à celle de cette communauté et espérant bien qu'elle me donnera une part à la sienne. Nous nous souviendrons en particulier de l'Eglise, de notre saint-père le Pape et des œuvres importantes et multipliées du diocèse : on peut tout obtenir par l'intercession de Marie. »

« Après l'évangile, M. le vicaire général adressa aux enfants une allocution inspirée par la fête de ce jour; il avait pris pour texte ces paroles : « Marie a choisi la meilleure part, qui ne lui sera point ôtée. »

« A l'issue de la messe, les Enfants de Marie voulurent exprimer à Mgr Thibaudier leur joie et leur reconnaissance; il leur répondit avec bonté : « Je garderai le souvenir de cette matinée. Lorsque des âmes virginales prient avec moi, je ressens l'influence de leur intercession et j'appelle mes beaux jours ceux où je peux me soustraire aux sollicitudes de l'administration et me recueillir loin des bruits du dehors. Plus tard vous en ferez l'expérience, Mesdemoiselles, c'est en s'entretenant avec Dieu que l'âme se repose et se fortifie. Jouissez de vos belles années et croyez qu'elles seront toujours plus belles à mesure que vous vous rapprocherez davantage de Notre-Seigneur Jésus-Christ. »

Cette journée fut une fête, non seulement pour

les Enfants de Marie, mais pour toute la maison. Mme Joséphine était rayonnante, et disait : « Je puis chanter mon *Nunc dimittis !* Puis, comme si elle eût eu l'intuition des jours de consolation que Dieu lui réservait : « Eh bien, non, pas encore, ajoutait-elle, en se reprenant avec un sourire. Mère Jeanne-Françoise fut aussi bien inspirée quand elle lui dit : « Par « cette chapelle, je crois vous donner dix ans de vie de « plus. »

En effet, chaque messe célébrée dans son sanctuaire lui apportait un nouveau bonheur. Malgré ses occupations, elle ne cédait à personne le soin des préparatifs du service divin ; elle avait alors, au milieu de ses empressements, un visage si radieux, que tout le monde disait en la voyant : « Il y aura une messe à « la basilique » demain ! »

C'étaient des fêtes aussi lorsque quelque prélat pénétrait dans ce cher Cénacle et y bénissait ses Enfants de Marie. C'est ainsi que l'on eut l'honneur d'y recevoir successivement Mgr David, évêque de Saint-Brieuc; Mgr de Langalerie, évêque de Belley; Mgr Petitjean, évêque au Japon; Mgr Besson, évêque de Nîmes ; Son Eminence le cardinal Caverot, qui attacha au sanctuaire une indulgence de quarante jours ; enfin, Son Eminence le cardinal Foulon, qui chaque fois qu'il vint au Sacré-Cœur, se faisait un bonheur de prier un instant devant l'autel de Marie Immaculée.

Les élèves de Mme Joséphine partageaient sa joie, et, en toute occasion, lui donnaient la preuve de leur attachement. C'est à leur reconnaissance généreuse que la petite chapelle des Enfants de Marie dut ses plus belles parures : tapis, garnitures, calice, ciboire, missel, tableaux d'autel, burettes, chandeliers, chasubles, lampes, candélabres, vases de fleurs, prie-Dieu, harmonium, furent offerts à l'envi. On doit à une souscription le riche chemin de croix dont Mme Joséphine a tant aimé à parcourir les stations, et qui lui fut présenté un 19 mars par ses fidèles enfants. Beaucoup d'autres, par leurs dons, et aussi par le travail de leurs mains, contribuèrent à cette œuvre doublement chère à leur cœur puisqu'elle exaltait leur Mère du ciel et comblait de joie le cœur de leur maîtresse bien-aimée. Exprimait-elle un désir, il recevait aussitôt satisfaction. Grâce à leurs filiales attentions, des arbustes naturels ornaient en toute saison les gradins de l'autel, et pendant le mois de mai, la parure de fleurs blanches se renouvelait avant même qu'elle eût eu le temps de se flétrir.

CHAPITRE XIII

BÉNÉDICTION DE LA STATUE DE MATER DEI
DIRECTION DES ENFANTS DE MARIE AU PENSIONNAT
ET DANS LE MONDE

Quelques semaines avant les cérémonies de l'érection de la petite chapelle, avait eu lieu au Sacré-Cœur celle de la bénédiction de la statue de *Mater Dei*, placée sur un point d'où elle domine le vaste enclos.

Laissons un témoin nous décrire les événements de cette matinée du 5 mai 1874.

« A onze heures, nous nous réunissons sur la grande terrasse; la bannière de la Vierge flottait sous nos ombrages et les Enfants de Marie l'entouraient dans l'attente du triomphe de notre divine Mère. Venaient ensuite nos anciennes compagnes, nos bonnes maîtresses et le clergé.

« Le chant des litanies donna le signal du départ. La procession s'avança lentement à travers les allées du clos, dessinant leurs contours par les oriflammes chargées de pieuses devises et soulevées par une brise embaumée. Rien de plus gracieux que cette marche solennelle, sous les guirlandes de verdure et les couronnes de fleurs, en face de notre magnifique horizon : l'art et la nature rivalisaient pour honorer Marie !

» L'allée sinueuse de *Mater admirabilis* nous conduisit à Notre-Dame de Lourdes; là, nous nous rangeâmes autour du rocher, image lointaine de la grotte de Massabielle; cette vivante couronne devait plaire à la Reine du Ciel, car chacun de ses fleurons disait avec transport : Gloire à la douce Immaculée !

« Bientôt le cortège se remit en marche. De loin, nous apercevions la statue de *Mater Dei* et nos cœurs palpitaient d'allégresse. Qu'elle était belle, notre divine Mère ! Les plis de son manteau virginal se dessinaient sur l'azur du ciel; un rayon de soleil illuminait son front et la main de l'Enfant Jésus semblait s'animer pour nous bénir ! La terrasse était décorée avec goût : des guirlandes de mousse et de roses s'enroulaient autour du piédestal; des chaînettes dorées couraient d'un arbre à l'autre, et des faisceaux d'oriflammes s'élevaient aux côtés de la Vierge.

« Groupées aux pieds de Marie, nous répétions en chœur le salut de l'ange : *Ave Maria*.

« Soudain, le silence se fit dans notre assemblée. M. Desgeorge, le digne supérieur des missionnaires, se plaça devant la statue et nous adressa quelques paroles empreintes d'une pieuse onction. A l'émotion de son visage vénérable, à la respectueuse attitude de son auditoire, on croyait voir un père s'adressant à ses enfants.

« Quand il eut fini de nous parler, nos yeux s'élevèrent ravis vers Marie et nous nous écriâmes toutes d'une seule voix : *Monstra te esse Matrem!* Quelques instants plus tard, la bénédiction sacerdotale avait consacré notre monument; tous les cœurs surabondaient d'allégresse. Pour exprimer notre reconnaissance, qu'avions-nous de mieux à choisir que le cantique improvisé par Marie dans la demeure d'Elisabeth? Avec quels transports nous en jetions les versets sublimes aux échos de notre colline!

« En même temps le cortège se déroulait pour rentrer à l'église. La dernière strophe s'acheva sous les voûtes saintes; les autels avaient revêtu leur brillante parure et la divine Eucharistie rayonnait au milieu des lumières: Jésus nous attendait. Il voulait nous bénir aussi! Oh! qu'il nous est doux de le croire! Il nous montrait en ce moment à sa Mère et lui redisait: « Voici vos enfants! »

Ces aimables fêtes ranimaient dans tous les cœurs la joie et la piété. Les Enfants de Marie recueillaient ces grâces précieuses et voyaient en Mme Joséphine l'ange visible qui, durant les dernières années de leur éducation, les préparait à remplir la mission que

Dieu leur réservait dans le monde. C'est à ce but que tendait l'enseignement qui leur était donné dans le cours de leurs réunions.

Pour nous le rappeler, écoutons une de celles qui, sous sa direction, croissaient rapidement en vertu. Dans ces *Notes intimes* d'une Enfant de Marie, nous trouverons résumées quelques-unes des pensées de Mme Joséphine et les pratiques particulières aux congréganistes, au pensionnat.

« C'est le 31 mai 1887 que la très sainte Vierge m'adopta pour son enfant et que je me consacrai à Elle pour toujours. J'entrai dans sa congrégation avec deux compagnes de classe qui, depuis ce jour, sont devenues mes amies de choix ; toutes trois nous eûmes les mêmes joies, les mêmes transports.

« Nous nous trouvâmes conduites au milieu de quinze de nos aînées qui avaient été admises avant nous à une douce intimité. Parmi les faveurs dont la divine Mère se plut dès lors à nous combler, nous fûmes toutes d'accord pour signaler le don de notre bonne Mme Joséphine : souvent j'ai envié de voir de près des saintes : je crois, en sa présence, mon désir satisfait chaque jour ! Avec quel accent d'amour elle nous parle de Jésus et de sa sainte Mère ! Il est impossible de résister et l'on se sent enlevée à la vertu et au devoir. Elle nous invite, chaque samedi, à louer toutes ensemble notre Mère du ciel en récitant, à une heure de l'après-midi, l'office de l'Immaculée

Conception, dans notre petite chapelle. Mme Joséphine, pour stimuler la ferveur, nous indique une intention particulière : c'est quelquefois le triomphe de la sainte Eglise, le salut de la France; ou bien cette intention est plus intime, plus personnelle : c'est pour obtenir l'amour du sacrifice, de la vie intérieure, notre persévérance.

« Après l'office, nous chantons un cantique ; puis, nous entourons l'autel, et là, tout près de Marie, nous lui redisons notre amour. Notre chère maîtresse parle pour nous à la Vierge, et, chaque samedi, ce sont de nouvelles protestations de fidélité. Pendant ces courts instants, il semble qu'on s'élève jusqu'à Marie et par elle au Cœur de Jésus; la prière de Mme Joséphine est si ardente ! Elle donne à la sainte Vierge les noms les plus doux : Mère de tous les hommes et singulièrement la nôtre, douce Vierge, notre divine Reine! Bien sûr, cette bonne Madame obtiendra ce qu'elle demande pour nous ! La consécration se termine par ces mots : « Mère bien-aimée, regardez-nous, bénis- « sez-nous. Ainsi soit-il. » Puis, après avoir récité le *Sub tuum*, nous quittons notre sanctuaire; ce n'est pas sans jeter vers l'image de Marie un dernier regard auquel Mme Joséphine sait donner son sens filial : « Adieu, divine Mère. »

« La fin de la récréation se passe avec notre maîtresse; alors, que de sages conseils nous sont prodigués : « Mes enfants, nous dit-elle, vivez de la vie de l'âme. Ayez soif du sacrifice; ne raisonnez pas avec la nature; mais, dès que vous apercevez une occasion de vous vaincre, de prouver votre amour à Notre-Seigneur, allez, courez, volez ! Ne comptez pas avec Dieu, donnez-lui tout, et vous trouverez tout. »

« Les conférences du premier vendredi du mois lui permettent encore de nous initier à la vie spirituelle. Comme elle connaît nos âmes, nos dispositions, nos difficultés ! « Gardez votre cœur, nous dit-elle; écoutez la foi et la raison ; dominez vos impressions; soyez vigilantes : ne cherchez pas à tout voir, à tout entendre, à tout savoir.

« Et encore : « Aimez beaucoup la sainte Eucharistie ; ce Pain du ciel sera votre force. Faites la sainte communion en union avec la très sainte Vierge et, pendant votre action de grâces, méditez le *Magnificat*, en vous en appliquant à vous-mêmes les versets.

« Une pratique salutaire que je voudrais vous apprendre, c'est le *Pater* eucharistique. Ne croyez pas que ce soit une prière toute faite, non, c'est vous qui la ferez. Méditez chaque parole du *Pater :* « Notre Père — mon Père, mon Ami, ma joie, mon amour ! — Qui êtes aux cieux, et qui êtes aussi dans mon cœur, avec votre corps, votre sang, votre âme, votre divinité ! — Que votre nom soit sanctifié, Jésus eucharistie, que vous soyez aimé de tous les cœurs, mais du mien surtout. — Que votre règne arrive, régnez sur mon corps et sur mes sens, sur mon âme et toutes ses facultés; régnez sur ma mémoire, sur mon intelligence, sur ma volonté, sur mon cœur surtout ! »

« Chaque premier vendredi du mois aussi, nous avons le bonheur d'aller à l'adoration, de 9 heures du soir à 10 heures, avec notre vénérée directrice. Elle nous y prépare par ces exhortations persuasives dont elle a le secret et qui ouvrent nos âmes à la prière : « Mes chères enfants, nous dit-elle souvent, qu'il fait bon parler ensemble du bon Dieu ! Aimez-le, ce bon Maître, aimez-le tant que vous voudrez, jamais ce ne ne sera assez ! Voyez, Il vous appelle pour se communiquer à vous ; Il demeure dans son Tabernacle tout exprès pour vous. Oh ! venez, Il vous attend, Il vous prépare ses grâces. Venez avec amour, mais aussi avec humilité; reconnaissons nos fautes, abaissons-nous, anéantissons-nous devant Lui !... Rappelons-nous bien, mes enfants, que nous sommes néant et que Dieu est tout! Souvenons-nous aussi que nous sommes enfants de Marie. Prenons notre divine Mère par la main ; mettons notre cœur sur le sien et disons-lui : « Bonne Mère, conduisez-nous à Jésus. »

« Le 21 juillet, à la veille de sortir de notre Sacré-Cœur, il nous a été permis de faire une retraite. Le matin, nous avons assisté à la messe, dans la petite chapelle, et reçu la sainte Communion. Toute la journée, notre vénérée maîtresse est demeurée avec nous. Ses avis, je les garderai dans mon cœur; et quand j'aurai quitté cet asile, je vivrai de ces souvenirs qui sont les plus précieux de ma jeunesse. »

C'étaient les sentiments de toutes qu'exprimait cette élève si digne du nom d'Enfant de Marie; c'étaient surtout les élans de la belle âme de Mme Joséphine qui dans nos cœurs animaient, en ces heures bénies, tous les germes de la vie surnaturelle.

Mais tout n'était pas fini. Après la sortie du pensionnat, lorsque nous avions repris notre place au foyer paternel, nous cherchions encore la main qui nous avait guidées jusque-là; nous le reconnaissions, le cœur de Mme Joséphine n'avait pas changé pour nous. Elle entourait encore de sa sympathie et de son expérience les âmes qu'elle avait chéries et attirées à l'amour de Notre-Seigneur; elle les soutenait avec une tendre préoccupation; elle pensait constamment à les éclairer dans leurs difficultés, à les préserver des dangers, à les arracher aux illusions qui pouvaient leur faire perdre de vue les desseins de Dieu sur elles. Si l'attrait pour la perfection religieuse se laissait entrevoir, cette bien-aimée maîtresse redoublait de zèle et d'ardeur pour prendre les intérêts du divin Maître dans l'âme de l'heureuse épouse de son choix; les combats, les espérances, les démarches qui amènent le triomphe de la grâce, elle en suivait le cours avec le plus vif intérêt.

Mme Joséphine n'éprouvait pas de joie plus grande que lorsqu'elle voyait les aspirations de ses enfants se diriger vers la vocation d'adoratrice du Sacré-Cœur. Alors, comme leurs épanchements étaient doux à son cœur, comme son âme vibrait avec celles-là dans un accord parfait et ravissant!

Mais elle savait respecter les vues de Dieu et les intentions secrètes de sa Providence, lorsqu'un attrait spécial les portait à d'autres œuvres que celles de l'éducation. Mme Joséphine était fière d'avoir donné des élues au Carmel, à la Visitation, aux sœurs de Saint-Vincent de Paul, aux Missions étrangères, à la Retraite, aux Oblates de Marie, etc., et l'intérêt qu'elle portait aux siennes lui faisait aimer aussi leur famille religieuse.

Pour nous, plus nombreuses, qui restions dans le monde, jeunes filles ou mères de famille, Mme Joséphine nous recevait toujours, et avec quelle tendresse ! quand nous revenions au sanctuaire béni de notre enfance. Aux jours des réunions générales des Enfants de Marie, aux mois de novembre, de février et de mai, chacune était empressée de recevoir son baiser maternel, de s'entendre appeler de son petit nom qui avait tant de charmes sur ses lèvres, de recueillir en passant une bonne parole. C'était surtout dans le cours des retraites données dans la Maison aux congréganistes, qu'elles pouvaient la voir plus longuement, assister à ses conférences et lui demander des conseils.

A chaque visite au Sacré-Cœur, nous retrouvions,

entre nos Mères si dévouées, celle qui nous reconnaissant toujours, continuait à diriger nos pas dans le sentier du devoir; avec quelle sollicitude, elle s'assurait que nous ne nous en étions pas écartées! Elle suivait les alternatives de la lutte, surtout au moment où les épreuves s'accumulaient au seuil de la carrière que nous devions parcourir; toutes avaient une si large part à sa bienveillance que chacune pouvait se croire l'objet d'une attention particulière. On comptait absolument sur sa discrétion; elle possédait les secrets des cœurs et des familles et il est bien inutile d'ajouter qu'elle n'en a jamais livré aucun.

Les confidences parfois pénibles qu'elle recevait lui faisaient apprécier de plus en plus sa vie religieuse; il n'était pas rare de l'entendre s'écrier, au sortir du parloir : « Qu'avons-nous fait au bon Dieu pour qu'Il nous ait favorisées de notre vocation ? Que sont nos peines auprès de celles que l'on supporte dans le monde ? Nous sommes les heureuses des heureuses ! » Ces mouvements de reconnaissance envers Dieu étaient loin de fermer son cœur à la charité pour ses enfants; bien des fois on l'a vue mêler ses larmes à celles de ses visiteuses et, le cœur navré, elle les recommandait aux prières de ses sœurs.

Mais, quel qu'en fût le sujet, sa conversation était toujours tournée au bien des âmes; elle ne pouvait comprendre les visites banales. Un jour, une religieuse la voyant, à peine entrée, sortir du parloir, lui en témoigna sa suprise : « Eh bien, que voulez-vous ? répondit-elle ; on parle de choses banales ; j'ai vu que je ne pouvais rien dire d'utile ; j'ai cherché un prétexte pour me retirer. »

Les anciennes élèves habitant au loin ne pouvaient jouir de ses entretiens ; mais elles n'étaient pas les moins favorisées, car par ses correspondances, Mme Joséphine suppléait à l'éloignement et continuait de se réjouir ou de souffrir avec ses enfants. Son cœur était brisé aux jours des séparations et des sacrifices ; lorsqu'une nouvelle épreuve se rencontrait sur le chemin de la vie, elle apparaissait pour la partager et aider à la sanctifier. « De loin comme de près, écrivait-elle, je chéris les âmes qui m'ont été confiées dans leur enfance ; elles sont devenues miennes et je m'intéresserai toujours à leurs progrès. » Amies privilégiées, elles possèdent dans leurs lettres un inestimable trésor !

Que dirons-nous de cette correspondance si étendue ? On ne peut comprendre comment Mme Joséphine y pouvait suffire, avec ses charges et les exercices de communauté auxquels elle était très fidèle. Mais cette intelligence avait une telle activité, ce cœur une telle soif de dévouement, qu'ils lui faisaient réaliser des prodiges. C'est ainsi qu'en utilisant ce que l'on appelle vulgairement les moments perdus, elle écrivait jusqu'à dix ou douze lettres par jour, adaptées à la situation, à l'état d'âme, aux dispositions de ses correspondantes ; dans toutes on retrouve la même ardeur, la même précision : toujours, d'une main ferme, elle indiquait la voie ; toujours, comme une mère, elle était prête à caresser, à encourager ou à consoler.

CHAPITRE XIV

Mme JOSÉPHINE, DIRECTRICE — SA CORRESPONDANCE

Nous reproduisons ici un certain nombre de lettres d'un caractère intime; elles nous donneront une idée de la nature des confidences qui étaient faites à Mme Joséphine, de sa sollicitude pour ses fidèles enfants, surtout de son intérêt pour leur progrès intellectuel, moral et spirituel.

Aux élèves de la 1re classe, pendant son court séjour à Alais.

Décembre 1866.

Mes bien chères enfants, c'est aux pieds du divin Maître que je vous faisais hier mes adieux. Je vous y voyais toutes réunies, apportant cette bonne volonté qui, après s'être révélée dans notre dernière conférence, m'assurait les meilleurs efforts durant cette séparation. Que de fois mon âme vous a visitées pendant ces deux jours! Je vous ai vues à vos pupitres de pensionnaires, apporter à l'étude cette application soutenue qui triomphe des obstacles ; j'examinais votre recueillement, votre fidélité au règlement, au silence surtout, et la modestie de votre regard. J'étais satisfaite de mes observations et, tout heureuse, je me disais : Ce sont les petites âmes que le Seigneur a confiées à ma garde ; elles aiment le Dieu de leur jeunesse et la divine Mère qui les protège !

J'espère que vous donnez des consolations à Mme H., il le faut, pour récompenser son dévouement et sa tendre affection. A demain, mes enfants chéries, soyez bien sages, bien studieuses ; je vous envoie mes caresses d'amie.

Aux mêmes élèves de la 1re classe.

Alais, décembre 1866.

Je viens de lire vos billets, mes bonnes petites chéries, et ils m'ont remplie d'une douce consolation. J'y ai vu tant d'abandon et de simplicité, tant de fraîcheur d'âme, qu'il me semblait que le bon Maître dilatait mon cœur afin de pouvoir vous aimer encore davantage. Je vous sentais toutes bien désireuses de faire des progrès en piété et en science ; que puis-je désirer de plus ? Oui, mes petites bien-aimées, croissez en sagesse et rendez fructueux en vous les efforts de la grâce. Je ne m'attends point à une perfection sans nuage ; elle est impossible, surtout à quinze ans, et je ne m'étonne pas qu'il y ait de loin en loin quelques chutes ; lorsqu'elles sont vues à la lumière d'en haut, on les regrette, on les pleure avec les larmes de l'âme et ces chutes servent à nous rendre plus humbles et plus défiantes de nous-mêmes.

Je vous quitte, mes chéries ; je me trompe, je suis toujours avec vous pour être votre amie dans le cœur du divin Maître. Cette nuit, je ferai une adoration et je vous placerai toutes, en couronne, autour du saint Tabernacle.

A une enfant, à l'occasion de sa première communion.

Mai 1888.

Je m'associe à vos grandes joies, ma petite J., et je regrette sincèrement de ne pouvoir être, à cette heure solennelle, avec vous, à la Table sainte; mais je vous suivrai de cœur et d'esprit. Soyez-y pleine de foi et d'amour, tout attentive au grand mystère qui s'opère en vous ; Jésus est si saint, si pur ! Il vous aime tant ! Donnez-lui votre cœur et priez-le pour votre excellente mère, pour votre père, vos frères, vos sœurs, vos maîtresses si dévouées, et aussi pour votre vieille amie.

A une élève, pendant les vacances.

2 septembre 1859.

Nous ne doutions nullement de votre affection pour le Sacré Cœur, ma chère enfant; néanmoins l'assurance que vous nous en donnez dans votre lettre nous est une douce satisfaction de cœur. Toutes vos compagnes apportent les mêmes témoignages ; on voit que les vacances et les plaisirs de la famille n'altèrent nullement leurs bonnes dispositions pour la piété.

N'oubliez pas vos devoirs de vacances; vous vous en tirerez bien en travaillant une heure ou deux par jour. Je songe déjà à la rentrée et je vous vois occuper une place dans la 1re classe. Je suis bien aise, mon enfant, que vos parents vous accordent encore une année de pension ; vous en avez besoin pour perfectionner votre orthographe, acquérir plus de rectitude dans le jugement, et vous former à ce tact, à cette délicatesse de manières nécessaires dans la société où nous vivons. Nous tâcherons de faire tout cela, et vous serez de plus en plus digne de vos parents et leur consolation.

Soyez toujours pieuse; donnez à votre famille, aux soins domestiques, tout le temps que vous ne consacrez pas à la prière. Soyez sévère pous vous-même.

Adieu, chérie.

A une autre.

12 septembre 1860.

Je comprends qu'il ne vous a pas été possible jusqu'à présent de suivre le règlement que vous vous étiez tracé : le travail coûte beaucoup en vacances, et après avoir bien employé votre année, vous avez besoin d'un délassement physique et moral. Prenez-le donc largement, auprès de votre famille ; livrez-vous à tous les élans de votre heureux caractère, et que tout, autour de vous, respire la paix et la vraie joie.

Mais, à la rentrée, vous ne marcherez plus à l'aventure ; tout sera fixé à l'avance et approuvé par votre bonne mère. Comme vous allez vous dévouer, prenant pour devise : la peine pour vous, le bonheur pour les autres !

Je vous recommande votre orthographe ; je vous en prie, observez-vous. Lisez tous les jours attentivement quelques pages de votre dictionnaire, rien ne vous formera mieux.

A une élève encore pensionnaire.

1868.

Pourquoi, ma bonne enfant, cette trève dans vos efforts ? pourquoi ces défaillances de piété ? Notre-Seigneur a-t-il cessé d'être bon pour vous ? Que vous a-t-il refusé ? Quand je reporte mes regards sur chacune de vous, chères enfants, je ne puis que m'extasier et m'épancher en louanges et en remercîments.

Le bon Dieu a été magnifique et libéral pour vous surtout, enfant bien-aimée, il a payé par une paix ineffable les plus légers sacrifices. Passez dans la ferveur ces quelques jours, et apportez-nous à la rentrée une somme de bonne volonté et d'énergie pour le bien.

Nous causerons au retour de vos joies si légitimes. Puis nous parlerons un peu de notre vie spirituelle, car c'est là le seul nécessaire : Aimer Notre-Seigneur, le prier, et se vaincre pour lui plaire.

A une pensionnaire, retenue chez elle par la maladie.

Je souffre comme vous de cette réclusion imposée par la divine Providence. Si je ne l'aimais et si je ne le connaissais, je me plaindrais à Dieu de ses rigueurs apparentes. Mais je sais bien qu'Il vous éprouve dans sa tendresse, et que toutes les peines qu'Il vous envoie ont pour but de vous rapprocher de Lui. Donc, ne nous plaignons pas et *ne pleurons pas.* Les larmes sont une preuve de faiblesse, et quand elles nous échappent, que ce soit aux pieds de Jésus, en les unissant aux siennes ; alors seulement elles se changent en mérites et acquièrent quelque vertu pour notre sanctification. Je voudrais vous voir sainte, enfant bien-aimée, tout est là. Laissons donc à jamais nos légèretés anciennes et nos vieux défauts, pour commencer une vie nouvelle, vie de ferveur et de dévouement. Méditez sur l'amour de Jésus crucifié ; méditez sur ses opprobres et ses anéantissements ; sur sa miséricorde infinie pour le pécheur, sur sa patience à supporter vos chutes sans nombre : enfin que Jésus soit dans votre cœur, sur vos lèvres et dans tout votre être !

A une jeune fille pendant les vacances.

Septembre 1860, 6 heures du matin.

Je reviens de l'adoration, ma chère enfant, où j'ai pu longuement prier pour vous. J'ai rappelé à N.-S. vos résolutions, vos protestations de fidélité dans son service, vos regrets du passé, et il me semblait qu'Il vous accueillait avec plus de tendresse encore. Pour moi, ma bonne chérie, je suis touchée de votre bonne volonté et j'ose croire que les expériences que vous faites sur votre caractère serviront à vous rendre plus vigilante, plus souple et plus généreuse. Ne négligez pas l'occasion de briser votre volonté. Quoique très heureuse en vacances, vous pouvez cependant rencontrer des froissements qui dépendent de vos dispositions variables; ne craignez pas de faire de petites excuses pour vos oublis de caractère ou vos saillies d'humeur et d'indépendance : un mot seulement : J'ai eu tort dans telle circonstance, je ferai mieux à l'avenir. Moins vous accorderez à vos penchants naturels, plus votre amour pour Jésus croîtra rapidement. En jetant un regard sur Jésus crucifié, souvenez-vous de ce qu'ils vous ont coûté de larmes, de remords et d'humiliations pendant l'année qui vient de s'écouler, et infailliblement vous vous corrigerez. Ne négligez pas votre méditation et votre examen ; soyez sévère pour vous-même.

Vos compagnes m'ont écrit d'excellentes lettres; j'en suis ravie. J'espère beaucoup de l'année qui va commencer ; vous serez toutes sages et vous préparerez ainsi du bonheur à vos familles.

Adieu, petite chérie, je vous envoie mes meilleures caressses.

Septembre 1854.

Vous ne rentrez pas, chère enfant, et vous paraissez résignée en présence de la décision de votre famille ; que vous êtes sage et raisonnable ! C'est ainsi qu'il faut faire nos sacrifices, en ne les laissant voir qu'à Dieu seul : Il connaît et Il récompense tout. Il m'en coûtera bien aussi de ne pas vous retrouver; mais nous nous dédommagerons des peines de la séparation ; vous viendrez en esprit dans notre chapelle; là, sur ce premier banc si près de notre stalle, vous épancherez votre cœur dans celui de ce Jésus captif que vous aimez. Nous lui dirons d'abréger le temps de l'épreuve et de nous réunir au plus tôt (1); nous ferons encore ensemble nos adorations, nos prières. Si vous le voulez, nous nous donnerons rendez-vous dans le Cœur de Jésus ; le matin, si je m'y trouve la première, je vous y appellerai pour que nous

(1) La jeune correspondante, favorisée de la vocation religieuse, aspirait à entrer au Noviciat du Sacré-Cœur.

recevions ensemble les caresses, les faveurs, et peut-être aussi, les doux reproches du Seigneur Jésus. Pendant mes adorations de la nuit, je prierai votre bon ange de venir déposer votre cœur au pied de ce tabernacle aimé que nous avons si souvent contemplé ensemble; ainsi votre repos ne sera pas troublé, et vous pourrez dire avec l'épouse des Cantiques : Je dors, mais mon cœur veille.

N'oubliez pas l'abnégation de votre volonté, de vos désirs, et surtout cette charité qui supporte tout en vue de Dieu. Elargissez votre cœur, pour qu'il puisse contenir toutes les grâces qu'Il veut vous faire; ayez soin d'en bannir les craintes qui vous feraient perdre cette paix précieuse, vrai trésor de l'âme fidèle; ayez une conscience délicate, mais non inquiète; l'inquiétude n'est point le partage des enfants du Sacré Cœur.

Lettres de conseil et de direction pieuse à des jeunes filles, après leur sortie du pensionnat.

1er octobre 1861.

Je vous conjure de garder votre cœur pour Dieu et de perfectionner les désirs de piété qu'Il a mis lui-même dans votre âme. Vous faites bien de raviver vos bonnes dispositions à l'approche des fêtes; mais ce qui contribuera le plus à entretenir en vous la ferveur, c'est la méditation, non pas toute de réflexion, mais toute de cœur. Qu'est-ce que la prière, sinon un soupir de l'âme vers Notre-Seigneur? Priez donc ainsi, mon enfant, sans effort, s'il se peut; parlez au bon Maître simplement, le plus souvent écoutez-le; dites-lui que vous ne voulez pas l'offenser volontairement, même en des choses légères, et que tout votre désir est de faire sa volonté.

Ne nous comptons pour rien avec le bon Dieu et avec le prochain; nous aurons moins d'entraves dans notre travail spirituel; offrons-nous à Notre-Seigneur avec plénitude d'amour, et nos misères journalières serviront à notre sanctification.

Quant à la danse, saint François de Sales, si doux qu'il soit, défend d'en fréquenter le lieu; soyez donc ferme à ce sujet, car, outre le mal que vous pourriez y faire, vous en occasionneriez aussi par votre exemple. Au reste, mon enfant, consultez votre directeur et rappelez-vous surtout qu'il est très facile, en ces lieux, d'offenser Notre-Seigneur.

Conseils pour la Méditation.

13 août 1861.

Notre bonne Mère a souri à l'expression de votre reconnaissance; elle est satisfaite que cette journée passée au Sacré-Cœur ait renouvelé vos élans pieux et vos bons désirs; qu'il en soit toujours ainsi, et que chaque visite dans la maison ravive votre foi.

Soyez plus fidèle à la méditation du matin, n'y

manquez jamais; si le temps vous fait défaut, prenez un moment dans le jour pour faire une causerie intime avec votre Jésus ; parlez-lui cœur à cœur, avec la simplicité et la confiance d'une enfant ; cet exercice, loin d'être onéreux pour vous, sera un vrai repos, un besoin pour votre cœur, et la source de joies pures. Servez-vous rarement de livre, mais, la veille, lisez et préparez les réflexions du lendemain ; si quelque chose vous inquiète, même extérieurement, c'est dans votre oraison qu'il faut en entretenir Notre-Seigneur ; parlez-lui de votre désir de l'aimer davantage ; dites-lui de prendre votre cœur pour qu'il ne se fixe pas dans ce monde qui passe. Puis, écoutez le bon Maître, et là, à ses pieds, savourez sa parole dans un recueillement paisible; s'il ne vous dit rien, restez à ses pieds, respectueusement attentive à son regard. N'oubliez pas votre résolution pratique et votre bouquet spirituel, qui vous servira d'oraison jaculatoire durant le jour. La résolution pratique sera la matière d'un examen particulier.

Sur la générosité dans les petites choses.

28 juillet 1861.

N'oubliez pas qu'il faut croître chaque jour en générosité et en esprit de sacrifice : c'est le but de vos prières et le fruit de toutes vos communions. Quand vous entendez la voix du bon Maître, recueillez-vous, et si la nature se révolte aux demandes qu'Il nous fait, laissons-la se lamenter et poursuivons notre travail ; une âme qui a compris ce qu'elle est et ce qu'elle doit à son Dieu, ne peut s'attacher à ce qui passe ; tout lui sert d'échelon pour aller à l'éternité.

Je suis sérieuse aujourd'hui ; c'est que je suis sous l'impression de la mort de notre bonne sœur A., qui nous a quittées joyeusement le 16. Quelles leçons elle nous a données et qu'il fait bon mourir quand on a beaucoup aimé le bon Dieu !

1861.

Devenons bien petites, bien *rien ;* laissons-nous reprendre à temps, à contre-temps. Renouvelez toutes vos résolutions de douceur et d'égalité de caractère ; vous savez combien saint François de Sales aimait ces petites vertus. Laissez-moi croire que vous allez prendre un nouvel élan vers le bien.

De la patience et de la fidélité.

Janvier 1862.

Je souffre, mon enfant, de vous dire si tard que je combats avec vous et que nulle autre ne peut autant que moi s'initier à vos luttes intérieures. Je vous en prie, ne m'écrivez pas lorsque vous êtes dans vos dispositions d'impatience et d'irritation ; je vous connais si bien que je vois vos perplexités ; ces détails me font un mal que je ne saurais dire. Pauvre enfant ! brisez votre nature, je vous en prie ; cherchez à la modérer, à l'assouplir, entre les mains du bon Jésus que vous aimez ; ne voyez que Lui, que son bon plaisir, et non les instruments dont Il se sert ; ne savez-vous pas que tout contribue aux desseins de Dieu, la sainteté aussi bien que l'injustice des créatures ? Quand vous serez entrée dans cette vie de foi, vous verrez diminuer peu à peu les agitations de votre cœur, je puis assurer même qu'il s'y fera un grand calme. Amenez doucement votre âme à désirer cet état ; entrez-y suavement par la prière fréquente, le recours à Dieu et la pensée que tout passe.

Soyez fidèle à vos exercices de piété ; ce que je vous recommande le plus, c'est l'examen de conscience chaque soir ; ne vous pardonnez aucune chute ; punissez-vous rigoureusement pour atteindre cette affabilité, cette douceur, cette suavité qui doivent tempérer l'énergie de votre nature. Embellissez surtout par des actes intérieurs ce sanctuaire intime où vous conversez avec Jésus et Marie ; priez le bon Maître de dire aux vents et aux flots, comme autrefois : Calmez-vous ! Et ils se calmeront.

Tâchez, mon enfant, d'occuper votre imagination d'une manière utile ; lisez et analysez vos lectures ; priez surtout dans le silence et la confusion. Aimons beaucoup Notre-Seigneur ; tout passe, Jésus seul est tout !

Novembre 1862.

Vos lettres ont un cachet de franchise qui les fait apprécier ; vous me dites, sans ménagement pour votre amour-propre, ce qu'il y a de plus intime dans votre pensée, et vous vous condamnez amèrement. Que j'aime votre langage et combien j'approuve cette largeur de cœur qui déplore ses tendances malheureuses, sans paralyser ses élans d'amour et de foi ! Courage, le bon Dieu vous aime et Il doit se plaire à voir vos luttes intérieures ; le temps, et la grâce surtout, vous aideront à triompher de vous-même ; une prière assidue, l'aveu de votre misère aux pieds de Notre-Seigneur, l'acceptation de ce qu'Il voudra faire en vous, contribueront à vous procurer une grande paix, et cette paix, c'est le ciel de la terre.

L'assurance que vous me donnez sur votre soumission à la volonté divine, m'a procuré une vive satisfaction ; avec cette disposition, il n'est pas possible d'être dans l'erreur, et vous mettez le bon Dieu dans l'obligation de prendre soin de vous. Je prie beaucoup pour vous, mon enfant chérie ; je mets toute la cour céleste dans vos intérêts ; il faut absolument que vous soyez heureuse ; mon cœur réclame votre bonheur.

Octobre 1862.

Je demande que vous cherchiez uniquement la volonté de Dieu dans la décision que vous allez prendre ; que cette décision soit bénie de Dieu et soit la voie qui doit vous conduire au ciel. Je vous l'ai dit souvent, vous ferez beaucoup de bien par l'énergie et la franchise de votre caractère, mais il ne faut pas ralentir la lutte. Fixez votre regard sur le bon Maître au moment où vous ressentez ces épreuves ; parlez-lui avec plus d'amour, et les défauts que vous remarquez dans les autres perdront de leur amertume. Les peines de la vie sont légères envisagées au pied de la croix ; déposez les vôtres dans le Cœur de Jésus, et la paix renaîtra dans votre âme ; la paix, mon enfant, il faut la maintenir en vous à tout prix ; l'*Imitation* nous avertit qu'elle est le fruit d'une « longue patience », patience avec vous-même et avec les autres.

Juin 1862.

Nous commençons aujourd'hui notre neuvaine préparatoire à la belle fête du Sacré-Cœur : tout ici obéit à l'entraînement de la ferveur : que n'êtes-vous là ? Ensemble nous nous exciterions à aimer notre Dieu. Je ne doute pas que vous fassiez aussi des actes d'humilité et de mortification pour vous préparer à cette fête intime ; je voudrais que vous fussiez moins le jouet de votre imagination ; Notre-Seigneur ne se contente pas de nos bons désirs, Il veut des actes de renoncement, et nous ne lui sommes jamais plus agréables que lorsque nous avons assoupli notre caractère et brisé notre volonté. Mais pour soutenir cette lutte si noble, il faut se fixer dans un grand calme, laisser tomber, par la prière et un doux regard vers le bon Maître, ces irritations, ces agitations qui soulèvent dans notre âme comme une tempête ; ce n'est que dans la paix que l'on reçoit la lumière et la force ; c'est alors que Notre-Seigneur fait son œuvre en nous ; Jésus seul peut l'opérer, il faut seulement que nous ôtions les obstacles à sa grâce.

Les jeunes filles dont vous me parlez sont dans une illusion complète en croyant allier Dieu et le monde ; je ne sais qu'une chose, c'est la parole de Jésus : « Malheur au monde à cause de ses scandales ; je suis venu pour vaincre le monde. » Si ces âmes sont droites, la grâce les éclairera, mais n'imitez pas leur exemple, ne vous laissez pas entraîner avec votre nature toute de feu et d'imagination. Pour vous, mon enfant, plaignez-les, et attachez-vous tous les jours davantage à la prière et à la pratique de la vertu d'humilité.

Septembre 1863.

Il me semble que vous n'avez pas pris encore assez résolument votre élan pour la piété, et cependant votre âme est capable d'efforts constants et généreux ; qu'attendez-vous donc, ma bonne chérie? Une nouvelle position, mais elle vous créera mille entraves ; vous êtes à un âge où tout doit favoriser votre travail intérieur. Renouvelez vos résolutions : il est dommage de perdre ainsi son temps et le fruit de ses œuvres. Allons, éveillons notre courage, ne craignons plus autant la souffrance, ni ces froissements d'amour-propre et de volonté; laissons-nous façonner par le bon Maître et livrons-lui nos corps et nos âmes, comme un holocauste d'amour.

Août 1864.

Ce voyage en Savoie a pour vous le charme du devoir, et il vous suffit. Que j'aime à vous voir dans ces dispositions! J'ai souri en apprenant avec quels personnages vous vous récréez: Nicolas, Joseph de Maistre, le P. Rodiguez vous feront une excellente compagnie que vous seule aurez eu l'inspiration de mener aux eaux; vous laissez les plaisirs et les sociétés bruyantes pour converser avec ces esprits élevés; cette préférence fait l'éloge de votre raison et de votre foi. Bien, ma chère enfant, poursuivez votre travail intellectuel et, mieux encore, celui de votre union avec Notre-Seigneur; un seul regard de Jésus sur notre âme lui apporte plus de joie que des heures passées avec les créatures, en causeries inutiles. Mais c'est le secret du petit nombre, et il faut remercier le bon Maître de vous l'avoir révélé.

Septembre 1865.

Vous savez quel tendre intérêt je vous ai voué; lors même que la Providence vous ravit à mes soins, mon cœur vous suit toujours dans votre vie de famille que je voudrais voir si consolante pour tous. D'après vos aveux, vous avez compris que, pour vous, la vertu consiste à vous plier sans murmure à toutes les circonstances et à vous dévouer au bonheur de votre entourage. C'est une lumière, et pour votre cœur aimant, c'est une grâce qui vous fera entrer généreusement dans cette voie parfois aride et épineuse. Mais qu'importe l'âpreté du chemin! Le ciel est au terme, et même ici-bas nous trouverons le bonheur dans la paix de la conscience et dans la joie de ceux qui nous aiment. Ne nous étonnons pas de cette lutte incessante; il est noble de combattre pour le bon Maître et pour assurer notre salut; mais il est plus glorieux encore d'être vainqueur. Il le faut à tout prix. Ne vous découragez pas: toujours des chutes, dites-vous, toujours des faiblesses! Pauvre enfant! Oui toujours se vaincre, mais par amour; toujours se vaincre, mais par la prière et le secours d'en-haut; toujours se vaincre, mais en souriant au bon Dieu qui nous regarde, qui compte nos victoires et nous prépare la récompense.

Novembre 1865.

Votre dernière lettre m'annonçait, avec quelques chutes, les meilleures dispositions. Oui, mon enfant, combattez sans cesse, sans vous lasser; le ciel vaut bien quelques années de souffrances et quelques sacrifices; de plus, votre propre intérêt et l'amour de Notre-Seigneur réclament cet effort. Devenez pieuse, et comptez le reste pour rien; c'est le seul nécessaire.

Janvier 1866.

Je me réjouis de la résolution généreuse que vous avez prise : les rédactions d'histoire sont commencées; votre style se formera; l'imagination n'errera plus dans le vide et vous serez assujettie à un travail régulier. Quel progrès, quelle conversion ! Que le Seigneur vous aide à la poursuivre sans arrêt; soyez-en bien convaincue : *vouloir*, c'est *pouvoir*.

Je passe sous silence l'égalité d'âme, la douceur, la souplesse de caractère, bonnes et saintes vertus qui feraient de vous un ange sur la terre; je garde dans mon cœur les promesses anciennes que vous m'avez faites et j'attends des merveilles de sagesse.

A une ancienne élève pendant la maladie de son père.

Août 1866.

Pauvre enfant, vous êtes donc visitée par une nouvelle épreuve; je partage vos inquiétudes et je voudrais les adoucir; toute la communauté prie pour votre cher malade; espérons que tant de vœux obtiendront sa guérison. Dites vous-même, avec nous, à Notre-Seigneur : Mon Dieu, celui que vous aimez est malade, venez et guérissez-le.

Quant à vous, ma petite bien-aimée, ravivez votre courage et votre ferveur d'autrefois; loin de vous plaindre du bon Dieu, regardez-le avec plus d'amour et baisez sa main toujours miséricordieuse, quoiqu'elle vous blesse quelquefois ; soumettez-vous à sa sainte volonté, et vous sentirez l'affliction perdre son amertume. Souvent le bon Maître nous envoie les épreuves pour nous contraindre de revenir à lui et de prendre un nouvel élan vers le ciel ; il veut à tout prix notre cœur pour le rendre heureux ! D'après votre lettre, il me semble que vous manquez de générosité pour vous vaincre et pour supporter les contrariétés journalières ; votre volonté, *le moi*, en un mot, a trop d'importance et de faveur. Supprimez donc cet être-là et sachez lui substituer l'oubli de soi, le dévouement, le sacrifice : la perfection de la femme est tout entière dans la réalisation de ces vertus, et son bonheur en dépend.

Voilà des pensées bien sérieuses ; j'aime à croire que vous y reconnaîtrez le cœur de votre amie et que vous les méditerez auprès de votre bien-aimé malade. Une jeune fille est l'ange visible de sa famille quand elle comprend ses devoirs et les pratique par des motifs surnaturels.

Octobre 1866.

J'ai sous les yeux votre bonne lettre qui respire une bonne volonté parfaite : que j'aime à vous voir dans ces dispositions ! Le bon Maître vous a donné un excellent cœur et un esprit élevé; vous avez des ressources abondantes ; il faut en faire usage à l'aide d'une piété vraie et généreuse.

C'est à vous de réjouir le foyer paternel par votre sourire, votre douceur et ces empressements qui prouvent votre amour ; vous devez soulager, en les partageant, les peines et les chagrins de votre bonne mère. En un mot : abnégation, dévouement, voilà votre tâche, et le secret de la réaliser est dans la pensée de Notre-Seigneur et un fréquent recours vers Lui. Jésus est toujours avec vous; dans vos difficultés, il veut toujours vous assister, et pour cela, il ne demande qu'un regard, un désir.

A une jeune fille pendant sa maladie.

2 mai 1867.

Nous avons, depuis hier, déposé au pied de l'autel votre intention : obtenir le prompt rétablissement de votre santé. Maintenant, restez calme et résignée sous la main de Dieu; cela vous paraîtra, sans doute, une chose difficile : souffrir, à votre âge, est toujours amer, j'en conviens. Mais il faut espérer que les prières vont hâter votre guérison. Soyez douce, gracieuse, reconnaissante envers votre bonne mère ; mieux que personne vous appréciez sa tendresse et son dévouement ; montrez-vous donc courageuse pour alléger sa peine et, par ce moyen, vous doublerez vos propres forces.

N'oubliez pas que la maladie est un moment de grâces qu'il faut utiliser; c'est le passage de Jésus dans l'âme qu'Il veut unir plus étroitement à Lui; avec ces pensées de foi, la tristesse fait place à la paix et même à la joie; notre bon ange compte pour l'éternité nos souffrances acceptées et supportées avec résignation; ne vous préparez pas le regret d'avoir perdu ou mal employé un temps si précieux.

Adieu, enfant chérie; nuit et jour les adoratrices prononcent votre nom et le redisent à Notre-Seigneur.

Août 1867.

Quand je reçois vos lettres, il me semble que je vais y trouver l'annonce de votre conversion. Jugez de ma déception en lisant vos dernières pages. Toujours mêmes défauts et même insouciance; je me demande alors quels sont les sentiments, les vues, les intentions de ma chère enfant.

Veut-elle être dans la famille et dans la société un de ces êtres superficiels, incomplets et presque nuls, comme il en existe malheureusement? Ou bien veut-elle remplir son devoir, devenir la consolation des siens, et réjouir ainsi le regard de Dieu et de ses anges? Vous vous trouvez dans une pénible alternative et, disons-le tout bas, vous ne pouvez pas être heureuse. Vous négligez, parce que vous ne savez pas vous vaincre, tout ce que vous devez à Dieu et au prochain;

vous vous abandonnez à des rêves puérils, tandis que le moment est venu de réaliser une vie sérieuse.

Je désire à tout prix que vous secondiez votre excellente mère au milieu des sollicitudes qui l'environnent; tous ces dons qui sont en vous, comme un riche trésor : votre bon cœur, ce tact, cette rectitude de jugement que l'on vous reconnaît, mettez-les donc au jour; il vous en coûtera peu d'être bonne et empressée, si vous le voulez, ces qualités sont en vous; il y a dans votre âme de vraies richesses, c'est à vous de les exploiter.

Vous le voyez, c'est parce que je vous aime tendrement et sincèrement que je vous veux parfaite; je vous tiens ici le langage d'une véritable amie.

Septembre 1867.

Vous ne vous trompez pas en présumant que je songe à vous et que je prie pour vous. Je ne saurais oublier cette enfant si bien douée et dont l'esprit et le cœur ne demandent qu'à être cultivés. Il faut donc, ma chérie, prendre votre élan vers le bien avec énergie; il faut vous aider de la foi et de la prière, puisque les autres secours vous manquent. On peut toujours trouver le bon Dieu au dedans de soi-même et s'appuyer sur son cœur.

Je vous recommande d'être fidèle à vos pratiques de piété, telles que la méditation, la lecture spirituelle, le chapelet et surtout l'examen de conscience.

Faites-le sur vos défauts de caractère, par exemple, la douceur dans vos paroles, l'égalité d'humeur et le bon emploi du temps. Evitez cette tristesse qui s'emparait de vous quelquefois; elle ne peut que vous affaiblir et il faut absolument que vous soyez en possession de toutes vos forces morales.

Si votre amie vous visite, entretenez-vous avec elle de la piété et des moyens de devenir sérieuse : une bonne amie, telle que la vôtre, est un trésor; il faut à tout prix entretenir vos relations avec elle. Les correspondances sont utiles quand elles nous rendent meilleures.

Novembre 1867.

Je devine, ma chère enfant, les luttes que vous devez soutenir contre vous-même : votre caractère, vos tendances, votre tempérament augmentent vos difficultés et aussi vos mérites. Courage, persévérez dans cette voie et surtout attachez-vous à la prière du cœur ; votre âme a besoin de cet aliment et, dans les sacrifices journaliers, elle trouvera auprès de Notre-Seigneur et au pied de sa croix, la compensation à ses efforts et la force pour les soutenir.

C'est dans la sainte communion que vous puiserez la vie de votre âme. La vie, mon enfant, c'est l'amour divin ; la sainte Eucharistie en est le foyer immortel.

Que j'apprécie votre attention délicate à soulager votre mère de ses nombreuses sollicitudes ! Vous ne la quittez pas; vous menez donc une vie sérieuse, telle que je la désire pour vous, telle que je n'osais l'espérer : mais que ne peut-on pas avec son cœur ?

Vous savez combien j'apprécie votre correspondance avec votre amie ; prenez ses conseils, appuyez-vous sur son expérience et, plus encore, sur sa piété.

Hier, nous avons vu un certain nombre d'anciennes élèves ; toutes sont pieuses et se maintiennent dans leurs excellents principes. Vous savez sans doute que M. va résoudre la grande question de son avenir ; elle accomplit cet acte avec une raison digne d'éloges. Priez pour elle, il faut tant de grâces à ce moment décisif et il en est si peu qui comprennent l'importance de leurs engagements.

De la correspondance de jeune fille à jeune femme

Août 1863.

N** vient de me remettre pour vous une lettre charmante de délicatesse et d'affection ; elle vous avoue que je ne lui ai pas livré vos dernières pages et peut-être votre cœur me blâmera-t-il ? Mais non, vous êtes toujours cette bonne enfant d'autrefois, dont le jugement et la piété apprécieront mes raisons. Ecoutez-moi. Il y a un immense intervalle entre la jeune fille et la jeune femme : la position, les devoirs, les peines, les plaisirs, tout est différent. En décrivant à N** toutes vos jouissances de jeune mère, vous oubliez que cette amie possède encore toute la naïveté et l'intégrité de son âme; le moindre souffle pourrait la ternir. L'avenir l'inquiète peu; elle laisse à Dieu le soin de sa destinée et se confie à Lui avec l'insouciance de son âge, tandis que votre cœur se livre à de nouvelles affections et à des joies toutes légitimes. Mais vous ne pouvez les faire partager à votre amie sans quelque danger et sans l'exposer à des pensées et à des rêves dont je veux la préserver; de plus, l'affection qu'elle vous a vouée donne à vos confidences une persuasion, un entraînement qui serait peut-être aggravé par l'imagination. Voilà mes raisons : je vous avoue que je n'ai jamais vu sans inquiétude la correspondance entre jeune fille et jeune femme; d'ailleurs N** a de si grands chagrins de famille qu'il ne lui serait guère possible d'entretenir des relations d'amitié qui deviendront banales, puisque vos cœurs ne battent plus à l'unisson.

Je remercie le bon Dieu de toutes les satisfactions qu'Il vous accorde et je m'en réjouis avec vous; à condition toutefois que vous croissiez en esprit intérieur; soyez une âme de foi et votre tâche deviendra douce et facile.

Septembre 1868.

J'étais à peine convalescente quand votre bonne lettre m'est venue; je dis *bonne*, en ne considérant que les témoignages de sympathie et de douce amitié que vous conservez au Sacré-Cœur; mais j'ajouterai, en réalité bien pénible, à cause des tristes aveux qu'elle contient. Vous me permettez, n'est-ce pas, de vous parler avec l'expansion d'autrefois, puisque vous employez le même langage filial et confiant ; nous allons donc aborder toutes les questions, sans ménagement pour votre amour-propre.

Vous avez été très sotte avec votre excellente mère ; votre conduite à son égard est volontaire et égoïste ; sans préméditation peut-être et sans cause bien formulée ; quoique dans vos torts, vous n'avez fait aucune excuse et vous n'avez pas craint, ma pauvre enfant, de lui laisser longtemps cette épine dans le cœur. Vous vous accusez d'être méchante ; vous êtes étonnée de l'empire que prennent vos défauts ! Et d'où viennent tous ces désordres ? De l'absence de piété et de la faiblesse de la volonté : la piété, c'est-à-dire : se vaincre par amour de Dieu, c'est le seul frein que l'on puisse opposer au caractère ; quand il manque, on tombe de chutes en chutes.

Vous vous reprochez chaque jour votre négligence et vous calmez votre conscience en vous disant : Je ferai mieux demain, quand j'aurai plus de temps, quand je serai plus libre. Et le temps s'écoule, non seulement sans mérite et sans acte de vertu, mais en multipliant vos fautes. La lumière et la grâce s'obscurcissent, la volonté s'affaiblit et l'énergie vous manque pour effectuer les résolutions pourtant généreusement conçues. Vous êtes, ma chère petite, à l'âge où l'on trace le sentier que l'on suivra toute sa vie; j'en suis effrayée pour vous et je me demande ce que vous ferez dans les circonstances plus difficiles.

Je gémis de voir que votre volonté ne suit que les caprices de votre imagination, de vos sens ou de vos passions; elle incline vers le plaisir qui vous séduit; votre attrait vous rend esclave de tous vos désirs; en un mot, vous êtes sans force contre vous-même. Pauvre enfant! Si vous voulez affirmer votre volonté, brisez-la par l'abnégation et la règle, pliez-la au devoir et elle produira des sentiments généreux, des actes fermes et constants. Croyez bien que vous n'échapperez pas à la douleur et à la lutte; apprenez à vouloir le bien et à le vouloir énergiquement.

Pour le moment, que ferez-vous? 1° des excuses franches, généreuses à votre bonne mère, si déjà elles n'ont pas été faites; n'objectez pas que la faute est ancienne, qu'elle peut être oubliée: vous, vous ne pouvez l'avoir oubliée et il faut vous réhabiliter avec votre conscience et acquérir de la force contre vous-même.

2° Veiller sur vos moindres saillies de caractère pour les prévenir et les repousser.

3° Vous approcher plus souvent des sacrements, avec regret du passé, avec ferveur et amour.

4° Prier beaucoup et prier souvent Notre-Seigneur Jésus-Christ; allez à lui comme à un père, à un ami, non comme à un maître ou un importun, et vous le trouverez avec tous les charmes de sa présence et de son entretien.

5° Vous prescrire chaque jour un travail intellectuel, lire, comme dit Mgr Dupanloup, « avec la plume à la main. »

Voilà bien des moyens, mais avant tout, il faut *vouloir*. J'ai un grand désir de vous voir devenir sage. Nous entrons en retraite prochainement ; faites pendant ces quelques jours 15 à 20 actes de renoncement à votre volonté que vous offrirez pour une pauvre religieuse adoratrice qui se dit votre amie bien dévouée.

Janvier 1868.

Vous me dites que votre excellente mère vous a confié l'éducation de votre petite sœur ; j'en suis heureuse et fière pour vous, parce que c'est une tâche méritoire ; puis, parce que ce labeur vous aidera à combler les lacunes de votre instruction et vous obligera de croître en raison, en piété et en science, car l'enseignement se fait plus encore par l'exemple que par la parole. Dévouez-vous donc, ma chère enfant, et soyez à la hauteur de vos travaux et de ce qu'on exige de vous. N'oubliez pas cette maxime des saints : Le sacrifice de soi-même est la vraie source du bonheur, car le bon Dieu et la conscience étant satisfaits, il ne faut pas prétendre ici-bas à quelque chose de meilleur.

Je voudrais bien que vous puissiez, chaque matin, passer quelques minutes de recueillement aux pieds du bon Maître ; là, vous regarderez votre âme, vous sonderez vos dispositions pour la journée présente, vous vous exciterez à l'amour, à la générosité ; vous déplorerez les oublis de la veille et vous prendrez de nouvelles forces pour marcher dans la voie du devoir. Songez-y. Le temps passe, il serait désolant de ne pas donner à Dieu tous les instants de la jeunesse ! Reprenez courage et renouvelez vos résolutions, au commencement de cette année.

17 février 1868.

Votre dernière lettre, mon enfant, est comme les précédentes, l'histoire de vos chutes, de vos promesses et de vos bons propos. Dois-je vous dire que je m'attends à tout autre chose, c'est-à-dire à des actes, à des efforts sérieux ? Vous connaissez toute ma tendresse pour vous, mais il me semble qu'il est temps d'employer un langage plus ferme pour vous donner l'énergie qui vous manque. Où voulez-vous arriver avec une telle vie ? Quelles seront vos ressources quand viendra l'heure de fixer votre avenir et d'embrasser ce lot d'abnégation et de dévouement qui est celui de la femme chrétienne ? Je vous parle sérieusement, parce que j'ai au cœur l'ardent désir de vous voir entrer dans une vie de générosité. Ecoutez le conseil de sainte Thérèse, il peut s'appliquer à toutes les âmes désireuses de la perfection : « Si vous voulez être à Dieu, *armez-vous d'un courage invincible*, tenez votre *cœur élevé* et ne refusez *rien* à la grâce. » Je livre ces trois points à vos méditations.

Vous avez fait dix fautes d'orthographe, le temps me manque pour vous les transcrire.

1er novembre 1868.

C'est le cœur rempli de consolation que je viens à vous, ma chère enfant; ce matin tout notre pensionnat s'est approché de la sainte Table; il y avait tant de recueillement dans les attitudes que j'en étais émue; c'était bien la fête du ciel et la fête des cœurs. Et vous, mon enfant chérie, vous avez aussi participé au banquet des anges; votre âme s'est ravivée à cette nourriture divine et vous allez prendre un nouvel élan vers le bien. La lutte contre vous-même a-t-elle été constante et courageuse? Combien d'échecs avez-vous éprouvés? Combien de fois avez-vous été vaincue? Mais je me trompe, j'aime mieux vous demander compte des triomphes que vous avez remportés sur votre caractère, des victoires qui ont fait gagner du terrain à votre piété. Il faut à tout prix acquérir cette piété forte qui se dévoue au bonheur des autres, qui fait prendre la peine et le labeur pour soi.

Il faut de plus en plus vous pénétrer de cette vérité que la *vie ne nous est pas donnée pour jouir* mais pour porter notre croix à l'exemple de Jésus, et par ce moyen acquérir le ciel; il faut donc attendre plus de sacrifices et de peines que de satisfactions; la soif de bonheur que nous éprouvons ne peut s'étancher qu'en Dieu. En lisant les notes de Mme Swetchine, je remarquai celle-ci : « Aller toujours à la chose qui coûte davantage, à moins que la plus facile ne presse. Examiner, classer et résoudre, dès la veille, le travail du lendemain ; disposer les choses dans l'ordre de leur importance (1). » Méditez ces lignes, mon enfant ; elles vous empêcheront de passer vos journées à ne rien faire ou à faire des riens : c'est ce que je redoute le plus pour vous.

Je viens de lire votre lettre adressée à *** et, en véritable amie, je dois vous dire que l'écriture, le style et la grammaire sont négligés. Je vous en conjure, mon enfant, lisez chaque jour quelques pages d'un bon livre et analysez ces pages par écrit. Je vous dirai aussi, avec ma franchise habituelle, que vos lettres pourraient avoir plus de fonds et quelque chose de plus sérieux. Malgré mes reproches, comptez sur mon affection bien vive et bien sincère.

Février 1868.

Enfant chérie, je ne saurais dire à quel point vous me préoccupez ! Je me demande souvent dans quelle voie marche cette âme qui m'intéresse si vivement, cette âme que Notre-Seigneur regarde avec tant d'amour et que le monde lui dispute avec acharnement. Vous

(1) *Glanes spirituelles.*

êtes au plus fort de la mêlée ; voilà pourquoi je tremble pour vous, quand même il n'y a sans doute rien à craindre, parce que vous savez puiser en Dieu la générosité, la force et l'amour.

Juillet 1868.

Je constate de loin en loin quelques efforts, ma chère enfant, mais que sont-ils auprès de ceux que votre bon ange espère et de ce que votre bien-aimée famille est en droit d'attendre de vous ? N'oubliez pas qu'à votre âge, les habitudes se forment ; il importe de n'en prendre que de bonnes qui vous fassent du devoir et de la vertu comme une seconde nature. Il faut vouloir, et vouloir avec énergie ; dites chaque jour au pied de votre crucifix : Je veux me vaincre, quoi qu'il m'en coûte, pour plaire à mon Dieu ; je le veux, je le veux absolument ! Sortez de cette apathie qui vous paralyse et devenez une jeune fille modèle. N'ayez pas une minute perdue, afin que votre esprit prenne des habitudes sérieuses de travail et d'occupation ; quoique vous n'ayez plus les moyens d'émulation donnés au pensionnat, travaillez, je vous en prie ; formez votre orthographe et votre style qui ne sont pas à la hauteur de votre éducation et de votre intelligence.

Soyez sage, il le faut, Dieu le veut. Ecrivez-moi souvent et avec la même expansion de cœur.

Octobre 1870.

Travaillons sur nous-mêmes ; il faut faire de bonne

heure l'essai secret des luttes intérieures : toute la vertu est là ! C'est parce que la mollesse et le sensualisme ont envahi la France que la justice de Dieu s'est levée et qu'elle frappe toutes les familles, dans toutes les conditions. Profitons de cette terrible épreuve ; que les âmes qui ont été comblées de grâces, comme les chères enfants du Sacré-Cœur, et vous en particulier, s'entourent de mortification et de pénitence. Ces âmes qui se nourrissent fréquemment de la sainte Eucharistie, qui étudient les mystères de la croix, doivent être attentives à la grâce qui les visite.

Donnez, mon enfant, une grande attention à Jésus qui passe en vous ; ayez l'oreille ouverte à sa parole, et surtout une entière fidélité et générosité à correspondre à ses désirs divins.

Novembre 1870.

Chère enfant, quand donc prendrons-nous notre élan vers le bien ? Votre billet m'a profondément affligée. Comment vous laissez-vous aller encore à ces légèretés, vous, dont le cœur est broyé par tant d'inquiétudes et qui avez besoin du secours immédiat et tout paternel de Notre-Seigneur ? Est-ce ainsi que vous attirez sur vous et sur les vôtres les bénédictions spéciales que vous réclamez ? Si vous étiez là, je sens que les reproches les plus tendres déborderaient de mes lèvres ; vous savez que mon amitié pour vous me rend sévère quelquefois. Mais vous êtes éloignée, vous souffrez, et de plus votre conscience vous a dit vos torts, alors je me tais, comptant sur votre promesse et vos sages résolutions.

Tout effort qui tend à chercher Dieu, à l'aimer davantage, laisse à l'âme une paix et une joie profondes; vos jeunes années vous ont procuré souvent ces vraies jouissances. Attachez-vous au bon Dieu ; Lui seul est tout; Lui seul ne passe pas; Lui seul reste à la mort. Dieu, toujours Dieu; faisons de nos cœurs un sanctuaire où l'encens de l'adoration et de l'amour ne s'éteigne jamais : Prions et ne nous décourageons pas.

Février 1871.

Si vous voulez savoir ma pensée sur les pratiques que vous vous proposez pendant le carême, je vous répéterai le conseil du bon père Chirat : peu et bien. N'ajoutez rien à vos pratiques, si ce n'est de tout faire par amour pour Notre-Seigneur; vos actes ainsi seront plus méritoires. Cependant si votre activité spirituelle réclame davantage, agissez pour le mieux.

Réglez le temps de vos lectures; lisez peu, c'est une chose importante, et surtout ne lisez pas pour occuper agréablement votre esprit, mais pour rendre votre âme meilleure et pour l'élever jusqu'à Dieu; entretenez-la de grandes et nobles pensées qui vous placent au-dessus de ces niaiseries qui occupent ordinairement les jeunes personnes. Prenez des habitudes de travail, d'ordre et de prudence, comme il convient à votre âge ; plus de vanités, de futilités, de recherche de vous-même, mais du dévouement, de l'abnégation, et une tendance d'esprit continuelle à la passion de Jésus-Christ.

Juillet 1871.

Nous avons parlé avec votre bonne mère de vos efforts et de vos progrès qui nous intéressent au plus haut point. Il est important de ne pas perdre le temps de cette jeunesse, âge de l'enthousiasme, de la force et de la générosité : le divin Maître aime spécialement les jeunes âmes, et il vous a prouvé souvent qu'il était jaloux de posséder pleinement la vôtre. Vous avez déjà expérimenté que la vie ne nous est point donnée comme une jouissance, mais comme un devoir; nous devons, à l'exemple de Jésus, gravir le Calvaire; c'est une nécessité d'expiation et une source de mérites. Mais je ne voudrais pas, mon enfant, que cette pensée vous rendît triste et vous fît voir l'avenir sous un jour sombre; non, ne voyons que le moment présent; laissons le passé à la miséricorde divine et abandonnons l'avenir à la bonté paternelle de Dieu. Sans doute nous ignorons la mesure des maux que nous devons encore subir ; mais la prière et la confiance nous aideront puissamment à les supporter.

Conseil de vocation.

Août 1873.

Vous aussi, chère enfant, vous êtes la chérie du

bon Maître ! Vous ne voulez pas, il est vrai, porter le joug si doux de la vie religieuse, mais vous vous affranchissez des liens du mariage pour être toute à votre bonne mère et surtout toute à Dieu ; je vous en loue avec saint Paul. Cette liberté vous donne des ailes pour voler jusqu'au Cœur de Jésus ; c'est une grâce précieuse que vous apprécierez en avançant dans la vie. Mais il ne faut pas vous contenter simplement de jouir de cette liberté, ce ne serait pas remplir le but de la Providence ; vous êtes appelée, par cela même, à une haute perfection. Lisez les lettres que saint Jérôme adressait aux vierges de son temps ; voyez comme il les exhortait à la prière humble et assidue, comme il les voulait mortifiées et pratiquant l'abnégation. Vous êtes, je le répète, par cette vocation de choix, appelée à la perfection, et un amour de simple et bonne chrétienne ne remplirait pas les desseins de Dieu sur vous. Tracez-vous un plan de vie dans lequel vous ferez une large part à l'oraison, aux saintes lectures, aux élévations de cœur vers Dieu. Comme livre traitant d'oraison, connaissez-vous les méditations pour les fêtes et pour tous les jours de l'année, par M. le curé de Saint-Sulpice ? Je ne sais rien de meilleur pour une jeune personne vivant dans le monde. Faites de Jésus votre tout, votre trésor unique ; qu'est-ce que ce monde qui passe ? Soyez une enfant du ciel ; vous dédommagerez Notre-Seigneur des scandales qui l'outragent ; il veut des victimes, pourquoi ne le seriez-vous pas ? Le sacrifice doit accompagner la prière.

Conseils sur la vocation et l'état du mariage.

Août 1861.

Vous êtes donc, ma chère enfant, sur le point de trancher la grande question de votre avenir. Le moment est difficile ; chaque état vous apparaît avec ses difficultés ou ses joies et vous ne savez vous décider. Qu'avez-vous à faire ? Vous remettre entièrement entre les mains de Notre-Seigneur ; priez beaucoup ; consultez votre directeur et laissez les circonstances vous dévoiler votre destinée. Le bon Dieu ne vous manquera pas, parce que vous le cherchez avec un cœur droit et sincère. N'oubliez pas que si l'état parfait est le partage du petit nombre, il n'est pas la seule voie qui mène au ciel ; ce n'est pas le cloître qui fait la sainteté, c'est la fidélité à la grâce, c'est la générosité dans le sacrifice et l'amour de Notre-Seigneur. Dans le monde, ces vertus se pratiquent souvent d'une manière héroïque. Avec votre nature énergique, vous pouvez faire beaucoup de bien, faire rayonner la vertu et devenir l'ange visible de votre entourage ; nous l'avons dit souvent ensemble : vous serez sans doute un instrument de salut pour plusieurs. Faites donc à M. *** une bonne direction très détaillée ; dites-lui toutes vos tendances, vos dispositions et vos inquiétudes ; préparez une petite revue de vos années de pension, afin qu'il vous connaisse mieux et livrez-vous à sa décision; elle sera sans doute dictée par le Saint-Esprit. Dans ce moment, n'envisagez que la volonté de Dieu et votre salut; avec ces sentiments, vous êtes sûre de ne pas faire de fausse démarche.

Allons, du courage; la vie est courte ; avant tout, assurons notre éternité. Un pressentiment qui ne me trompera pas m'assure que vous serez toujours sage, que vous aimerez tendrement Notre-Seigneur et que votre cœur ne se donnera jamais aux vaines joies de ce monde.

A une jeune mère.

Juillet 1870.

Vous êtes mère, c'est vous dire que la Providence vous aime et qu'elle a confiance en vous, puisqu'elle vous confie la garde et l'éducation d'un enfant. Vous avez compris votre nouvelle mission et les devoirs qu'elle impose; chaque jour, vous découvrirez mieux, à la lumière divine, le prix d'une âme et les soins dont on doit l'entourer.

Je vieillis, eh bien, il me semble que chaque jour je sens mieux l'importance d'une première éducation, de cette éducation chrétienne qui commence au berceau et qui dépend seulement de la mère. Vous serez à la hauteur de votre tâche, et afin que votre fille réponde à vos soins, nous l'avons confiée à la Reine des anges.

A une autre.

Octobre 1876.

J'ai offert à Jésus et à Marie, la petite âme que le ciel vous confie ; c'est un nouveau trésor, une source de mérites et de consolations ; je vous en félicite, parce que vous êtes à la hauteur de votre tâche. Cette enfant trouvera en vous un ange, une mère pour la guider, l'aimer, l'élever enfin, et lui faire atteindre son immortelle destinée ; elle sera pour vous, comme les autres, un gage de bénédiction et de sainteté. Notre époque a besoin de mères dévouées dont la vertu s'élève jusqu'à l'héroïsme, et vous arriverez là, je le sais.

Votre tâche augmente, c'est vrai, vos sollicitudes aussi, mais qu'ils sont grands vos mérites ! Quel poids immense de gloire est réservée à la mère chrétienne ! Ces pensées de foi seront les vôtres.

A la mort de Mère Jeanne-Françoise, supérieure générale.

Novembre 1875.

Je savais bien que votre cœur si bon, si affectueux, prendrait une large part à notre douleur ; ces marques de sympathie, données par nos anciennes élèves, nous sont une précieuse consolation, car on aime à voir les autres regretter ce que l'on regrette soi-même. Cette bonne Mère Jeanne-Françoise était aussi parfaite qu'on peut l'être ici-bas; c'était un modèle, vrai type religieux que Jésus lui-même avait moulé; elle était un mélange d'austérité et de condescendance, de fermeté et de douceur, de sagesse, de prudence et de tendresse de cœur. Il me semble que j'ai perdu l'âme de ma vie. Mais le divin Maître a voulu cette séparation, je me tais et j'adore cette volonté quand même elle me crucifie.

Cette bonne Mère n'a pas eu d'agonie; sa mort a été comme sa vie, paisible, sereine, je dirai presque souriante; toute son âme aspirait au ciel.

Priez pour elle, mon enfant, et priez pour moi, je voudrais devenir sainte et me hâter, car la fin de ma vie n'est sans doute pas éloignée.

1877.

Il ne m'est pas possible de vous répondre exactement, il y a tant d'imprévu dans mes journées! Sachez bien cependant que je ne puis pas vous oublier, parce que votre âme est vraiment unie à la mienne. J'ai sous les yeux votre dernière lettre et savez-vous les réflexions qu'elle me suggère? « Mon enfant chérie vit trop de la vie naturelle; il lui faudrait plus d'esprit de prière et d'oraison. » Elevons nos esprits et nos cœurs; séparons-nous, s'il se peut, des objets créés et sensibles pour entretenir un saint commerce avec Jésus; parlons-lui de ses souffrances, de ses humiliations, de sa mort ignominieuse ; intercédons pour les pécheurs, pour ceux qui ne connaissent ni sa miséricorde ni son amour, et abandonnons tout à son divin Cœur. Essayez, mon enfant, vous verrez tout ce que cet acte apporte à l'âme de paix et d'union avec Jésus-Christ.

Ne me dites pas d'offrir une de mes communions pour vous ; ces jours-ci, en songeant à vos privations, j'ai conduit votre âme au tabernacle avec la mienne et Jésus me répondait pour vous, comme pour moi : Immolation, abandon !

A une ancienne élève malade.

1877.

Une de vos amies m'a révélé le triste état de santé dans lequel vous vous trouvez ; j'y compatis de tout cœur, car je comprends tout ce que cette réclusion impose de souffrances à votre nature ardente. Que vous dirai-je, mon enfant chérie ? de vous résigner, de patienter, d'acquiescer à la volonté divine. Dieu est le Maître, vous le savez ; nos inquiétudes, nos insoumissions ne changent rien à ce que son amour a décrété pour nous, et plus nous nous agitons, plus nous éloignons sa grâce et sa miséricorde. Il faudrait, ma petite bien-aimée, lui témoigner votre amour par une adhésion pleine et entière à son adorable volonté ; malgré les révoltes de la nature, il faut dire et répéter souvent dans le jour et pendant la nuit : « Oui, mon Dieu, votre volonté et non la mienne ! Je veux ce que vous voulez, comme vous le voulez et aussi longtemps que vous le voudrez ! » Puis, faites-vous un petit règlement, s'il est possible, heure par heure ; plusieurs fois par jour, prenez votre crucifix entre les mains, baisez-le avec un saint respect, et renouvelez votre acte d'adhésion et d'abandon total. Si j'osais, je vous dirais : Que ces heures sont précieuses pour l'âme ! c'est l'heure des semailles spirituelles, l'heure des entretiens intimes avec Jésus, le moment du cœur à cœur avec Lui, car il n'est jamais plus rapproché de nous que lorsque nous souffrons.

Je vous en conjure, ne vous découragez pas ; le démon rirait de vos défaites ; il sait combien Jésus vous aime et serait fier d'altérer cette union intime de son cœur avec le vôtre ; ravivez votre courage par le souvenir des bienfaits de Dieu et soyez généreuse.

Avril 1882.

Combien je suis touchée de vos sentiments affectueux ! Ils font vibrer délicieusement mon âme et la reportent à cette chère année 187... Quel heureux temps pour vous et pour nous ! quels pieux et doux souvenirs vous nous avez laissés ! Non, je ne puis oublier ma petite étourdie, à cause de son cœur si bon et si droit !

Outre votre affection reconnaissante, on trouve dans vos lettres des élans de foi et la fidélité aux principes qui ont dirigé votre jeunesse. Quel trésor ! Gardez-le précieusement, à cette heure surtout où la religion est attaquée de toute part. Attachons-nous avec plus d'énergie à la croix de Jésus ; serrons-la sur notre poitrine et qu'elle soit notre appui, notre bonheur, jusqu'à notre dernier soupir ! Je ne crois pas que les mères de famille puissent suffire à leur tâche et remplir leur devoir parfois si difficile, si elles faiblissent dans leurs principes chrétiens ; il leur faut doublement sagesse et science chrétienne, car elles doivent les répandre autour d'elles. Je lisais dernièrement que toute âme qui veut aimer Jésus et lui ressembler, doit porter, comme lui, les stigmates de la douleur et de l'amour. Donc, souffrons, et aimons notre bon Sauveur ; à l'heure de l'épreuve, soyons généreuse ; d'ailleurs la vie est courte, et la récompense sera si glorieuse !

Cette lettre, commencée hier, a été interrompue bien souvent ; vous y verrez néanmoins la tendresse de votre vieille amie.

De la communion fréquente.

Janvier 1887.

« Depuis quatre ans, me dites-vous, j'ai le bonheur de m'unir à mon Dieu tous les jours ! » Quelle grâce, mon enfant, quelle fidélité, quelle vie de foi et d'amour ce privilège suppose en vous ! J'en suis ravie sans étonnement, car j'ai compris depuis longtemps quels trésors de grâces N.-S. avait déposés en votre âme. Ces craintes exagérées par la pensée que l'on ne vous connaît pas assez ne m'inquiètent nullement ; vous avez une âme droite, qui sait s'analyser et dévoiler ses faiblesses. Donc, rassurez-vous et ne songez plus qu'à répéter : Le Seigneur est bon et sa miséricorde est éternelle !

Vous êtes toujours ardente, toujours désireuse d'aimer, de faire connaître Jésus et d'étendre son règne ; j'aime à retrouver dans vos lettres ces désirs inspirés par le zèle et l'amour ; que Jésus daigne les exaucer. Je voudrais que toutes les âmes qui goûtent, comme vous, la sainte Eucharistie, supplient Jésus de ne pas laisser stériles les fruits de sa rédemption, et d'arrêter en France le torrent du mal : je tremble de voir la foi s'affaiblir plus encore. Que toutes nos pensées, que tous nos instants soient employés à implorer le Cœur de Jésus et à lui demander miséricorde.

Je recommande à vos prières un certain nombre d'anciennes élèves bien éprouvées, bien malheureuses. Quelques-unes se servent de leurs infortunes pour grandir dans l'amour et la perfection ; mais d'autres se demandent froidement pourquoi elles sont accablées ainsi. Ah ! la foi ! gardons la foi comme le don le plus précieux.

Janvier 1888.

Que j'aime à recevoir vos lettres ! Je les trouve remplies de foi et de ce sentiment chrétien qui devient de plus en plus rare. Restez bien avec le bon Dieu, chez Lui, dans son Cœur, et insinuez ces principes à vos enfants, petits-enfants et à tout votre entourage ; il faut, comme vous le dites, que Jésus règne, qu'Il soit aimé partout et au-dessus de tout !

J'accepte vos souhaits, c'est-à-dire le rendez-vous plus ou moins prochain dans le royaume céleste. Quelles joies nous attendent là-haut ! Aussi on comprend par quelles luttes, par quels travaux, par quelles souffrances il faut les mériter. Ne nous lassons pas, vivons dans l'amour, et tout sera plus glorifiant pour Jésus et plus méritoire pour nous.

Je touche à la vieillesse ; j'ai perdu totalement l'œil gauche, je marche avec peine, à cause de mes douleurs ; mais tout cela est bon, excellent, c'est dans l'ordre de Dieu, je lui en dis merci cent fois le jour. Une seule chose me peine, c'est qu'on limite mes correspondances parce que ma vue s'affaiblit ; mais mes enfants comprennent que je les aime toujours tendrement.

Mars 1889.

Vos lettres, si bonnes, si affectueuses, me rappellent tout un passé qui m'apparaît plein de consolations ; surtout quand je revois ces chères âmes que le divin Maître a cultivées et soutenues dans le bien ; grâces lui en soient rendues, ces âmes sont encore nombreuses !

Votre chère fille et ses enfants vous donnent de vraies joies ; j'en bénis Notre-Seigneur ; vous méritez bien ses faveurs et vous êtes une heureuse mère.

Votre fils est l'objet de mes prières assidues ; il me semble impossible que ce cher enfant que vous offrez sans cesse à Jésus et à Marie ne devienne pas l'objet de grâces toutes particulières. Quelles seront ces grâces ? C'est le secret divin ; mais assurément tant de prières ne monteront pas inutilement vers le ciel. En attendant, voilà le volontariat et l'examen qui le précède ; dites à ce cher *** d'être courageux et d'avoir confiance. Il faut aussi qu'il garde sa foi, ses convictions, et que le respect humain ne le fasse jamais faillir ; on respecte un homme fidèle à ses principes.

Unissons nos efforts, enfant bien-aimée ; trop heureuses si nous pouvons faire connaître notre Jésus et réparer les outrages qu'Il reçoit.

A une mère dans l'épreuve.

Avril 1892.

J'ai lu votre lettre avec un maternel intérêt ; vous avez une grande mission, il est juste que, plus que tout autre, vous soyez encouragée et aimée. Je comprends que votre tâche doit parfois vous paraître lourde; mais, mon enfant, regardez le ciel et dites-vous : Mon doux Jésus voit tout et compte tout! Songez aussi à la gloire que vous procurez à Notre-Seigneur, si chacun de vos enfants a des principes religieux, les conserve et les transmet à son tour : tout ce mérite sera votre œuvre, aussi je crois qu'une sainte mère de famille rayonnera dans le ciel d'une gloire éclatante.

Votre petit enfant est né le 29 janvier; puisse-t-il acquérir toutes les vertus du bon saint François de Sales. Ne perdez pas courage, quand même vous voyez vos charges s'alourdir encore; la Providence vous aidera, dût-elle faire des miracles. Votre état de fortune vous impose sûrement de grandes privations; aussi à l'heure de votre mort vous n'aurez pas à redouter le sort du mauvais riche; Jésus ouvrira ses bras pour vous recevoir.

Je vous suis unie par la prière et par les doux liens du cœur; priez aussi pour moi. Comme votre digne mère, je pense à la mort et je cherche à m'y préparer : la miséricorde divine et le ciel, c'est tout ce que j'ambitionne. *Excelsior*, toujours plus haut, c'est la paix et la joie.

24 juillet 1893.

Disons de tout cœur : Que la volonté de Dieu soit faite! Ce mot donne la paix, le courage et la force. Je ne sais rien de meilleur que cette remise totale de tout son être en Dieu et à Dieu : tout est là. Il multiplie nos angoisses avec nos années et plus nous approchons du terme, plus nos douleurs sont vives. Que ferons-nous, ma chère enfant? Nous serrerons sur sur notre cœur la croix du bon Maître en lui disant : Je veux tout ce que vous voudrez et comme vous voudrez!

Courage, que Jésus sanctifie votre solitude et vos tristesses ; qu'Il vous fortifie dans les défaillances que peut ressentir parfois votre pauvre cœur et dites-vous que tout finira bientôt.

Je n'y vois plus ; des nuages enveloppent mes yeux ; je vous écris comme au hasard ; lisez-moi comme vous pourrez et priez pour votre vieille amie.

Avril 1893.

Chère enfant, votre lettre m'a surprise agréablement, il y avait si longtemps que j'avais perdu vos traces! Enfin, vous voilà fixée, avec vos chers enfants ; vous vivez en famille, entourée de ceux que vous aimez et qui vous chérissent.

Vos chères filles, me dites-vous, font votre joie, votre espérance : beaucoup de mères peuvent-elles en dire autant? Faites-en surtout de bonnes chrétiennes, des femmes énergiques, fidèles au devoir, quelque pénible qu'il soit.

Dans ce langage vous reconnaissez votre maîtresse d'autrefois; j'ai cependant 70 ans; mais les années, en me donnant plus d'expérience des réalités et des épreuves de la vie, n'ont pas affaibli mes convictions; je dis à chacune de mes enfants : La vie passe et nous allons au ciel.

Octobre 1893.

Il vous sera facile maintenant d'orienter vos journées et de faire au bon Dieu une large part; c'est là le côté consolant de votre solitude actuelle, c'est aussi le mien, car cette année je suis tout à fait au repos. Je ne suis plus chargée que des Enfants de Marie et du soin de leur petite chapelle, leur trésor et le mien. Vous voyez, ma vie est bien simplifiée; je puis maintenant suivre tous mes exercices religieux et prier durant de longues heures. A mon âge, on n'aspire plus qu'au ciel et l'attente fait souffrir, mais on se console dans la pensée qu'on accomplit la volonté divine.

10 Janvier 1894.

Ma petite bien-aimée, vos souhaits, que vous me faites passer par la Crèche et le sourire du bon petit Jésus me sont singulièrement chers cette année. Merci de votre affection si vraie, si persévérante; je l'apprécie, parce qu'elle est sainte et je m'y complais dans une certaine mesure, comme dans une satisfaction que le bon Maître me donne dans son amour.

Je vous vois dans une solitude plus complète, plus près de Dieu et des saints tabernacles; je vous vois prier, écrire, travailler, vous occuper des pauvres; vous pensez à Jésus, vous vivez pour Jésus; le reste est un accessoire pour votre âme puissamment attirée au ciel.

Priez aussi pour moi : voilà quarante-six ans que je suis adoratrice !

CHAPITRE XV

LES ENFANTS DE LA PREMIÈRE COMMUNION

Depuis quelque temps, Mme Joséphine constatait le croissant affaiblissement de sa vue. C'est le 2 février 1885, pendant la sainte messe, qu'elle eut intérieurement comme un pressentiment de l'épreuve qui lui était réservée. Elle l'envisagea d'abord avec effroi : être menacée de cécité, laisser éteindre cette énergie et ces forces encore vives! « Mon Dieu, dit-elle tout d'abord, que ce calice s'éloigne de moi!.. » Mais elle ne tarda pas d'ajouter : « Pourtant que votre volonté soit faite! » Et dans sa communion de ce jour, elle fit son sacrifice et s'abandonna sans réserve entre les mains de la divine Providence.

A dater de ce moment, la cataracte, car c'était bien là le triste mal qui la menaçait, fit des progrès, et si dans la suite, on parvint à en atténuer la marche, soit par des traitements, soit même par une opération, on ne réussit jamais à l'enrayer. Elle se soumit sans murmurer, sa résignation était parfaite : « Tout ce que le bon Dieu voudra, répétait-elle ; tout ce qu'il veut est bon, bien bon, il sait ce qu'il nous faut.

A cette infirmité, se joignait une souffrance continuelle; un rhumatisme invétéré engourdissait ses membres, et, se portant tantôt à la tête, tantôt au cœur, lui causait des douleurs aiguës; sa haute taille se courbait insensiblement, et si son allure était encore vive et décidée, elle le devait à son énergie.

Pourtant sa tâche ici-bas n'était pas finie, et le ciel lui avait réservé, pour ses dernières années, cette œuvre de prédilection que Mme Joséphine avait toujours enviée : le soin de préparer les enfants à leur première communion; elle vit là une délicatesse de l'amour divin à son égard : « Que Dieu est bon de m'avoir laissé cette consolation pour mes derniers jours! Quand j'ai accepté cette tâche, racontait-elle, je me suis dit : Je suis déjà bien affaiblie; ces enfants auront peur de ma vieillesse et elles sentiront de l'éloignement; mais cette mission me vient de l'obéissance, j'y mettrai tout mon cœur; je leur parlerai de Dieu avec toute la tendresse qu'Il m'a donnée pour lui. Eh bien, je puis le dire, mes espérances ont été dépassées; ces chères enfants comprennent que je les aime et elles se donnent à moi avec un abandon qui me touche. J'ai retrouvé, en leur parlant de la sainte Eucharistie, les ardeurs de mes 20 ans ; que de fois elles pleurent de joie en m'écoutant, et moi-même, je ne puis retenir mes larmes ! »

En effet, Mme Joséphine avait un langage si enflammé, si imagé, que les vérités de la foi frappaient ces fraîches intelligences de 10 et 11 ans.

Qu'il était beau de la voir entourée de cet essaim de petites filles dont l'attitude à la fois joyeuse et grave, la mine éveillée, les yeux grands ouverts exprimaient assez l'attention et la confiance !

« Je n'oublierai jamais, écrivait l'une d'elles dans son mémorial, comme Mme Joséphine nous peignait le désir que Notre-Seigneur avait de se donner à nous et combien Il a dû nous aimer pour s'être fait hostie. Alors, nous aussi, nous aurions voulu aimer Jésus et l'aimer d'autant plus qu'Il se faisait plus petit pour venir en nous. »

« Souvent, écrivait une autre, je suis allée la trouver dans sa cellule ; je lui ai confié mes ennuis ; j'ai reçu des paroles qui m'éclairaient et m'enflammaient : je sentais alors que je me prenais d'un vif amour pour le bon Dieu. »

« Nous avons eu une conférence bien émouvante où Mme Joséphine nous a dit d'envoyer notre cœur, toutes les heures, à Jésus-Hostie. Il est si bon de rester dans son petit tabernacle fermé à clef ! Il veut connaître nos chagrins, nos malheurs, nos fautes, nos sacrifices. Et nous n'irions pas à Lui ? et nous l'offenserions? Oh! non; j'ai pris la résolution de me vaincre à l'avenir, quoi qu'il puisse m'en coûter. »

Un jour, Mme Joséphine, expliquant le catéchisme, parlait à ces jeunes enfants du mensonge; elle leur dépeignait la laideur de ce péché et l'horreur qu'il fallait en avoir, puisque c'est le caractère propre de Satan qui est appelé le père du mensonge. « Ne mentez jamais, mes enfants, leur disait-elle; il vaudrait mieux perdre la vie que de manquer une seule fois à la vérité. Si ce malheur vous arrivait, pour vous corriger à tout jamais, allez vous-même déclarer votre mensonge à la personne à qui vous l'avez dit. » A l'issue de cette instruction, Mme Joséphine se retire et rentre dans sa cellule; comme elle en fermait la porte, on frappe; une de ses petites filles demande à lui parler: Venez, ma petite chérie, asseyez-vous là, je suis toute à vous. » L'enfant se mit à genoux et, toute tremblante, lui avoua qu'il y avait un an, elle lui avait menti et lui en rappela les circonstances et les motifs. Mais elle ajouta qu'elle avait compris la gravité de ce mal et qu'elle en était corrigée pour la vie. Mme Joséphine fut touchée de cet acte généreux et fonda sur cette âme les plus belles espérances.

Une autre fois, une enfant venait à elle et lui disait avec candeur : « Madame, parlez-moi du bon Dieu, je ne le connais pas assez; vous m'avez appris à l'aimer, mais je veux l'aimer encore davantage! » Ces heureuses dispositions la ravissaient jusqu'aux larmes;

aussi, quand une des nouvelles communiantes s'approchait, elle l'accueillait toujours avec tendresse et empressement. Une religieuse, ou toute autre personne, était-elle présente, traitant une affaire ou demandant un conseil, elle comprenait tout de suite qu'il ne fallait pas insister et se retirait immédiatement : Je vous reverrai, disait Mme Joséphine; allons, venez, mon enfant. On cédait la place à la petite préférée.

Pour exciter la ferveur dans ces jeunes cœurs, cette bonne Maîtresse faisait répéter des cantiques en commençant les réunions et, ces chants pieux, elle se plaisait à les composer elle-même. En voici un, souvenir de la première communion de 1893.

O bon Jésus, mon âme vous désire,
Venez en moi, vous, le trésor des cieux !
Pour vous, Jésus, nuit et jour je soupire,
Ne tardez pas, venez combler mes vœux.

Manne du ciel et vrai pain du voyage,
Don précieux dont notre ange est jaloux,
Source de paix, de ferveur, de courage,
O bon Jésus, venez, venez en nous.

Ah ! pardonnez à votre enfant coupable,
Voyez ses pleurs, ses regrets incessants,
Oui, pardonnez, mon Sauveur adorable,
O vous, le Père et l'Ami des enfants.

Jésus, victime, ô pure et douce Hostie,
Toujours vivant, en ce mortel séjour,
Ah ! c'en est fait, je vous donne ma vie,
Mais vous, Jésus, donnez-moi votre amour.

CHAPITRE XVI

VERTUS RELIGIEUSES

Nous avons suivi jusqu'ici Mme Joséphine à ses œuvres. Mais devant de si beaux résultats, arrêtons-nous un instant pour pénétrer plus avant dans cette âme d'élite et lui demander, dans l'intérêt de notre propre perfection, quel était le secret et le moteur de la sienne.

Si Mme Joséphine était douée comme éducatrice d'un ensemble de rares qualités, elle ne fut pas moins favorisée des dons de la grâce; ses vertus religieuses étaient plus hautes encore et plus parfaites. C'est à une source divine que s'alimentaient son tact et son dévouement : toujours élevée à Dieu, son âme trouvait dans une prière habituelle, on pourrait dire incessante, la lumière, l'énergie, la persévérance auxquelles ses fonctions ont dû tout leur succès. Mais surtout, c'est au pied du Saint Sacrement, dans les heures précieuses de l'adoration de nuit qu'elle puisait une force surhumaine. Aussi quand il se présentait une affaire difficile dont on ne voyait pas la solution, elle n'avait qu'une réponse brève : « Il faudra prier. »

Quand elle avait à faire une observation sérieuse à une élève, elle priait elle-même pendant des heures ; puis elle la faisait appeler et lui disait avec gravité : « Mon enfant, j'ai réfléchi devant le bon Dieu, j'ai imploré ses lumières et maintenant, *je dois* vous dire ceci... Et l'avis donné était décisif.

Elle voyait tout en Dieu, ne concluait rien sans le consulter, sans demander son secours. S'agissait-il de donner une réponse, un avis, elle levait les yeux, les dirigeait vers un médaillon suspendu à sa bibliothèque représentant l'*Ecce Homo*, et répondait ensuite avec assurance, avec cordialité.

Lorsque l'on attendait une grâce particulière, pour la France ou l'Eglise, pour le pensionnat ou la communauté, Mme Joséphine sollicitait de ses élèves des neuvaines de prières et de mortifications. Elle aimait aussi à intéresser neuf de ses sœurs, auxquelles elle demandait des sacrifices et des actes généreux pendant neuf jours ; celles qu'elle choisissait étaient des âmes humbles et zélées pour la gloire de Dieu. Quelquefois elle obtenait de la Révérende Mère la permission de faire prier pendant toute une journée pour la même intention ; deux religieuses se relevaient chaque demi-heure, récitaient le rosaire ou faisaient le chemin de la croix; elle obtenait alors ce qu'elle appelait « de petits miracles ».

Elle avait recours journellement aux adoratrices pour ses œuvres. Elle apprenait aux pensionnaires à s'unir nuit et jour aux supplications qui montent vers le saint Tabernacle. Plusieurs ont gardé cet enseignement, et lorsque, dans le monde et leur famille, elles ont besoin d'un secours particulier, elles s'unissent à l'adoratrice et, par elle, présentent leurs demandes au Sacré Cœur de Jésus. Une d'elles disait n'avoir jamais manqué de faire en esprit l'adoration de 9 heures à 10 heures du soir, les premiers jeudis du mois

Mme Joséphine, dans son humilité, aimait à dire que si elle obtenait parfois pour les âmes qui lui étaient confiées des grâces de conversion, elle le devait aux secours de ses sœurs, et elle citait le trait suivant :

Un jour, j'avais à lutter contre un caractère revêche et entêté; j'avais employé tous les raisonnements et tous les moyens pour vaincre cette nature; mes efforts restaient infructueux; l'élève résistait aux désirs ou plutôt aux ordres qui lui étaient intimés. Un seul parti restait à prendre : la rendre à sa famille. Je la vois encore une fois, je tente un dernier assaut, la petite rebelle quitte la cellule plus mal disposée qu'elle n'y était entrée.

Deux heures après j'entends frapper. Quelle n'est

pas ma surprise à la vue d'une enfant redevenue docile : Madame, me dit-elle, me voici prête à faire tout ce que vous voudrez. Etonnée, je lui demande d'où peut venir ce changement : Madame, répond-elle d'une voix émue, j'ai rencontré tout à l'heure une bonne sœur chargée d'une balle de charbon ; je me suis offerte pour lui aider à porter son fardeau ; elle m'a remerciée avec un sourire si céleste que j'ai été vaincue. » Cette âme transformée d'une manière inattendue, avait, sans doute, par cet acte de charité si simple, appelé sur elle une grâce spéciale.

Un jour encore, une élève résistait avec obstination et refusait de réparer par des excuses, son indocilité à l'égard d'une maîtresse ; Mme Joséphine, après avoir fait appel à sa raison, à son jugement et à sa conscience, épuisait en vain les arguments les plus persuasifs. Elle lui dit alors : « Puisque vous repoussez absolument cette réparation que je crois nécessaire, puisque vous n'avez pas assez de volonté et de générosité pour vous vaincre, eh bien, je ferai moi-même, à votre place et en votre présence, l'acte que vous refusez à Notre-Seigneur. » A ces mots, l'enfant fondit en larmes et s'exécuta sans tarder.

Mme Joséphine, dont l'humilité égalait la simplicité, s'inclinait vers les sœurs converses, les remerciait avec affabilité et bienveillance des services qu'elles lui rendaient et cherchait l'occasion de les obliger à son tour. Quand parmi celles-ci elle rencontrait des âmes droites, douées d'un bon jugement, elle leur demandait souvent leur avis et quelquefois se confiait elle-même avec abandon.

Mme Joséphine craignait la souffrance; sa nature sensible la ressentait vivement, mais elle l'aimait. Bien des fois, obligée au repos par l'excès de la fatigue qui lui arrachait des larmes, on la voyait reprendre la plume ou donner gracieusement un renseignement, un conseil, une explication; son dévouement lui faisait tout surmonter, et elle répétait, alors qu'elle éprouvait de violents maux de tête : « Qu'il est bon, en s'éveillant, de pouvoir dire : Ma croix est prête pour la journée! »

Son respect de l'autorité et sa dépendance parfaite étaient pour la communauté une édification; pour elle, rien n'était insignifiant dans la vie religieuse, surtout sous le rapport de l'obéissance; elle s'assujettissait aux moindres usages, et soumettait, par déférence, à ses supérieures, les plans et les projets concernant sa charge; quand il arrivait que ceux-ci rencontraient de l'opposition, elle disait : « Le bon Dieu veut qu'il en soit ainsi, tout ce qu'Il voudra : Fiat. — « Ou bien : « Les vues du bon Dieu ne sont pas les nôtres. »

Econome scrupuleuse du temps, elle avait habituellement un ouvrage à l'aiguille entre les mains. Lorsqu'un entretien semblait devenir inutile : « Je crois que nous avons fini, disait-elle, allons vite prier. » Et elle partait résolument.

Elle voulut, jusqu'à ses dernières années, balayer elle-même sa cellule. On la voyait, les manches retroussées et munie de ses lunettes, entourée d'un large tablier bleu, nettoyer et épousseter consciencieusement, sous le prétexte qu'il faut autant que possible ne déranger personne et se suffire à soi-même.

Mme Joséphine visitait assidûment les sœurs malades, les infirmes de la maison; elle soutenait leur courage, élevait leurs pensées et leurs aspirations. Si une religieuse était près de mourir, elle aimait à l'approcher, à exciter ses désirs de détachement, à se pénétrer de cette sérénité qui se dégage ordinairement des âmes virginales au seuil de l'éternité, et elle ne la quittait jamais qu'après lui avoir donné « toutes ses petites commissions pour le ciel ».

Les services qu'elle rendit à la communauté furent appréciés de tous temps ; depuis trente-cinq ans, elle avait été élue et toujours réélue conseillère générale. Son jugement, son expérience, son esprit judicieux autant qu'éminemment religieux, l'ont rendue mille fois précieuse dans le gouvernement d'une maison d'éducation. Dans le cours de l'année 1893, la règle ayant reçu de Rome une approbation, il fut décidé que toutes les conseillères porteraient le titre de Mère ; on lui donna donc officiellement ce nom que tant de cœurs fidèles lui avaient déjà décerné. L'amour profond qu'elle avait pour sa congrégation la stimulait sans cesse : Que vous avez aimé votre

Sacré-Cœur, lui disait récemment une ancienne élève. A ce mot, son visage s'illumina, des larmes baignèrent ses yeux : « Oh! oui, dit-elle, je l'ai aimé à la folie !

CHAPITRE XVII

DERNIÈRE ANNÉE. — MORT DE Mme JOSÉPHINE

MADAME Joséphine pressentait sa fin prochaine et, au mois de juillet 1893, elle sentit qu'elle ne reprendrait pas la charge des études : « Je puis mourir d'une attaque ; le bon Jésus m'a dit : Tiens toi prête. » Vous ferez prier pour moi quand je serai morte, disait-elle à une enfant de Marie. Et comme on lui représentait que les mérites de sa vie lui avaient certainement préparé une belle couronne : « Du tout, répondait-elle, j'ai tout donné à ma divine Mère ; je n'arriverai là-haut qu'avec mes imperfections. » Elle ne s'était en effet rien réservé, puisque, depuis plusieurs années, elle avait fait le vœu héroïque, abandonnant à la très sainte Vierge tous ses mérites et ses actes de vertu, et c'était pour lui être plus agréable qu'elle s'étudiait à les multiplier et à les perfectionner sans cesse. Aussi fut-elle, de la part de la Vierge immaculée, l'objet de prédilections et de grâces que leur caractère intime et surnaturel ne nous permet pas de juger ni de divulguer.

Cette âme se livrait tout entière aux opérations de l'Esprit-Saint, à l'intensité de ses impulsions divines; ses élans d'amour avaient de plus en plus ce caractère de détachement, d'abandon, d'aspiration vers l'éternelle Beauté : « Oh ! le bon Dieu ! Je ne veux plus que Lui ! Oh ! que j'en ai faim ! — Le ciel, je n'aspire qu'au ciel ! » Dans une ardente prière, son cœur se dilatait sans cesse, embrassant toutes les âmes, les intérêts divins, et elle pouvait s'écrier comme l'Apôtre : « La charité de Jésus-Christ me presse. »

Dès que l'année scolaire fut achevée (août 1893), elle ne poursuivit plus qu'une affaire : se décharger de son emploi et faire nommer sa remplaçante. Personne ne peut savoir avec quelle activité elle mena ces négociations. Quand on lui disait : « Pourquoi tant nous presser ? Nous avons bien le temps. — Non, cela me poursuit. » Et quand la chose fut conclue : « Je suis tranquille maintenant, je n'ai plus à m'occuper que de mon éternité ! »

Il en coûtait à la Révérende Mère et à ses sœurs de lui voir ainsi changer ses habitudes : « Ne vous inquiétez pas, disait-elle, j'ai tant besoin de prier ! Si le temps me dure, je composerai des cantiques et je les chanterai. Et puis, ce ne sera pas long ! »

Elle voulut quitter la cellule qu'elle occupait à

proximité des classes depuis 1852, c'est-à-dire depuis plus de 40 ans. Elle fut pleine de foi dans ce sacrifice comme dans les autres. Elle demanda seulement de faire sa pauvre installation elle-même, peu à peu, afin de ranger toutes choses avec ordre, de manière à pouvoir se reconnaître, car sa vue baissait et elle croyait arriver bientôt à une cécité complète. Elle voulut s'établir dans sa seconde cellule le 8 septembre, afin « de naître à sa nouvelle vie le jour de la naissance de sa divine Mère ». Puis, pour relever son courage, elle s'excitait à la gaîté : « Voyez donc comme je suis bien ! Ma fenêtre donne vers la chapelle, je me trouve à côté de ma « petite basilique » au milieu de mes sœurs et surtout près des malades que je pourrai visiter souvent. »

Au milieu de ses aspirations vers la solitude et la retraite, elle était pourtant possédée sans cesse du désir de faire le bien, et ramenée par ce désir auprès des jeunes âmes ; ce don du ciel, ce talent, elle ne pouvait l'enfouir ni le laisser inactif : La journée du travail est si courte et le jour du repos sera si long ! Cette pensée, en la sollicitant sans cesse, l'obligeait à se donner encore à son œuvre première de l'éducation. Elle interrompait donc ses longues prières pour revenir à cette jeunesse qui lui rendait en vénération tout l'amour qu'elle lui donnait. C'est ainsi qu'elle voulut continuer, jusqu'à l'avant veille de sa mort, un cours d'histoire sainte, aux petites filles.

Mgr Coullié, notre vénérable archevêque, vint au Sacré-Cœur au mois de novembre, et daigna bénir le pensionnat. Avec cette onction qui, à première vue, lui gagne les cœurs, Sa Grandeur développa en quelques mots, cette noble devise : « Rien de médiocre ! » Cette pensée fit jaillir dans l'âme de Mère Joséphine la flamme des ardeurs de sa vie. Comme cette parole résumait son enseignement, réalisait son idéal ! Aussi, se rendant au parloir, après la visite épiscopale, elle étonna les personnes qui l'écoutèrent par la vivacité de son enthousiasme.

La retraite annuelle des anciennes élèves, prêchée par M. l'abbé Perra, supérieur du noviciat des Chartreux, devait faire éclore une œuvre nouvelle, dernière consolation de Mère Joséphine. Le jeune auditoire, après avoir goûté la parole de Dieu, se prenait à regretter le silence qui devait suivre ces jours trop courts, marqués d'abondantes bénédictions ; de son côté, le prédicateur sentait qu'il avait rencontré un terrain apte à recevoir une semence spéciale ; Mère Joséphine suivait ce travail de l'Esprit-Saint dans les âmes, leur inspirant la soif de la vérité. Par ses ferventes prières, autant que par ses ingénieuses insinuations, elle coopéra à la réalisation d'un commun désir. La demande formulée rencontra dans M. l'abbé Perra un accueil bienveillant, et les conférences sur l'Ecriture sainte furent résolues.

Mère Joséphine sut mesurer tout ce que cet élément nouveau allait communiquer d'élévation, de lumière et de vie aux âmes auxquelles il était offert, puisqu'il répondait par une coïncidence aussi heureuse qu'inattendue au vœu du Pasteur suprême de l'Eglise. Notre saint archevêque, informé de ce projet, n'y resta pas indifférent et, à sa bénédiction pour l'œuvre naissante, Sa Grandeut daigna ajouter les meilleurs encouragements.

Dès l'inauguration de ces conférences, le 6 décembre 1893, Mère Joséphine y dépensa le feu de son zèle et aussi ses dernières forces. Chaque mercredi la voyait, avec un élan nouveau, solliciter par l'intercession des âmes du purgatoire, un temps favorable, et se rendre bien avant l'heure à la salle des séances pour accueillir ses conviées et les féliciter de leur exactitude ; elle en comptait le nombre et, quand il dépassait ses prévisions, c'était un surcroît de bonheur. Elle goûtait le charme de cette doctrine faisant jaillir de nos saintes Ecritures une pure lumière devant laquelle pâlissent les prétentions de la science moderne ; on peut dire que cette belle âme découvrit dans cet enseignement comme un avant-goût des clartés célestes dont elle allait si tôt jouir.

Toute à ce sentiment de sa fin prochaine, elle ne négligeait rien pour s'y préparer. Comme depuis l'opération de la cataracte, elle devait ménager sa vue, Mère Joséphine avait recours à quelques-unes des religieuses pour ses lectures quotidiennes ; l'une d'elles rapporte que cet exercice commençait toujours par un acte d'abandon, composé par elle-même, auquel elle ajoutait la préparation à la mort, par Bossuet, formule qu'elle avait accommodée aux besoins de son âme. C'était avec un accent pénétré qu'elle répétait chaque jour ces paroles si belles que nous serons heureuses de lire ici.

Acte d'abandon.

O mon Dieu, enseignez-moi l'abandon, inspirez-moi un acte qui soit pour mon âme l'expression d'une vertu dont je sens l'incomparable mérite, qui soit à vos yeux la meilleure préparation à la mort et pour mon cœur le remède, la consolation et la perfection suprême.

O Dieu éternel, dont l'existence est infinie, je vous abandonne tous les instants de ma vie, trop heureuse s'ils sont pleins de mérites et surtout s'ils vous glorifient ; je ne vous demande que le bonheur de faire, au moment présent, votre divine volonté.

O Dieu, créateur et Père des âmes, qui aimez tendrement celles qui vous aiment, je dépose dans votre cœur toutes mes inquiétudes ; je lui abandonne tout ce que vous me réservez, satisfaite d'être si faible, si dépourvue, que je sois obligée de dépendre absolument de vous ; heureuse de croire fermement, de sentir délicieusement que mes relations avec vous suffisent à tout, dominent tout et seront à jamais ma sécurité et mon bonheur.

O Dieu, beauté et perfection suprême, cause unique de félicité, j'abîme en vous tous les désirs et toutes les aspirations de mon âme ; vous pouvez seul les satisfaire pleinement et dignement.

« O Jésus, Dieu le Père vous a donné tout à moi, comme si seule au monde j'étais l'objet de sa tendresse et de votre rédemption. Je dois donc être toute à vous, sans réserve et sans retour. Disposez de moi-même à tout instant et partout ; soyez le maître, l'inspirateur, le modèle et la mesure de tout amour de mon cœur. Je vous demande d'accepter, d'accomplir, d'aimer la volonté divine, sans faiblesse, dans la douleur comme dans la joie, de toute mon âme, de toutes mes forces, en Vous, ô Jésus, avec Vous, par Vous et pour Vous !

« J'accepte avec amour, ô mon divin Sauveur et tendre Père, la mort que vous m'avez préparée ; je l'accepte dans le temps, le lieu et avec les douleurs qu'il Vous plaira. Je l'accepte en expiation de mes péchés que je déteste de tout mon cœur et pour satisfaire à votre divine justice ; je l'accepte pour reconnaître votre souverain domaine sur moi et sur toutes les créatures.

« Je vous offre, ô mon Dieu, le sacrifice de ma vie pour la sainte Eglise, pour les pauvres pécheurs, les âmes qui souffrent dans le purgatoire et pour cette congrégation qui m'est si chère. »

Le lundi 12 février, Mère Joséphine, avant sa lecture du matin, prononça les actes que nous venons de citer, et, comme par une sorte de pressentiment, elle ajouta : « Maintenant, mon Dieu, je puis mourir ; je viens de vous le dire, prenez-moi quand vous voudrez, comme vous voudrez !

La journée se passa pour elle dans l'exercice de la règle ; elle assista aux Vêpres au chœur, et à 4 h. 1/2, elle se rendit à une instruction donnée à la communauté. Elle avait consacré son après-midi à l'arrangement de son sanctuaire bien-aimé, mettant un soin minutieux à changer la garniture d'autel et à renouveler les bouquets. Hélas ! se doutait-elle qu'elle parait la chapelle mortuaire où, trente-six heures plus tard, elle devait être exposée ? Elle mit à ce travail une activité fiévreuse, qui du reste caractérisa tout ce dernier jour. Le soir, à six heures, elle fut appelée au parloir où elle se rendit avec fatigue. Comme c'était une ancienne élève qui l'attendait, elle y oublia bien vite sa lassitude dans le plus affectueux entretien. A 7 heures, Mère Joséphine suivait la communauté au réfectoire pour la collation ; et après, avec une extrême difficulté, elle regagna sa cellule.

Comme elle gravissait l'escalier qui y conduit, s'arrêtant à chaque marche, une enfant de Marie s'approcha et lui offrit son bras ; elle accepta de s'y appuyer ; tout en montant, elle parla à l'élève, s'informa de ses notes de régularité, de conduite et de travail, et dans ce colloque, elle semblait oublier ses suffocations. Arrivée au sommet de la rampe, la conversation prit fin, Mère Joséphine, remerciant avec bonté, ajouta cette réflexion caractéristique : « Allons, du courage, de l'énergie... les saints ne se sont pas faits à l'eau de rose !... » Ce fut sa dernière parole.

A 11 heures de la nuit, saisie par des douleurs inaccoutumées, elle se précipita vers la cellule de l'infirmière qu'elle eut le temps d'appeler par des cris aigus, entremêlés de touchantes invocations : « Mon Dieu, c'est fini ! je meurs, ayez pitié de moi, pardonnez-moi tous mes péchés ; pardon, mon Dieu, pardon... Et elle retomba sans connaissance sur sa couche. On accourt, on s'empresse ; le danger est manifeste... L'un des confesseurs de la communauté est appelé en toute hâte et l'extrême-onction est donnée à notre chère mourante. Cette cérémonie avait lieu à 1 heure du matin et fut suivie des prières des agonisants ; il ne semblait pas possible que la vie dût se prolonger, car l'apoplexie était constatée avec paralysie du côté droit.

Mais la divine Mère pouvait-elle donc laisser partir celle qui l'avait si délicatement, si suavement aimée, sans lui donner l'ineffable consolation de presser une dernière fois, sur son cœur d'adoratrice, ce Jésus Eucharistie, les délices de sa vie ? C'était un regret si profond pour tout le monde qu'on attendait avec une sorte d'assurance la grâce d'une lueur de sentiment. L'espoir ne fut pas trompé ; sur le matin, comme s'achevait pour elle le divin sacrifice, la connaissance revint; au son d'une voix chère et familière, elle rouvrit les yeux. Mais la langue restait inerte ; ses lèvres ne pouvaient laisser échapper qu'un souffle; cependant elle entendait, elle distinguait les personnes qui se pressaient autour d'elle. Son confesseur revenu près de sa couche, lui demanda si elle n'était pas capable de recevoir la sainte Communion ; elle manifesta clairement alors, par des signes expressifs, son ardent désir de communier et rassembla toutes ses forces pour témoigner sa sainte jubilation. Au son de la petite clochette annonçant le très saint Sacrement, on la vit tressaillir ; la mourante reçut la sainte Hostie sans difficulté, et demeura abîmée dans une action de grâces calme, sereine, qui était l'avant-goût de l'éternelle vision de Dieu. Il était onze heures du matin.

Jusqu'au soir, notre vénérée Mère garda ce sourire céleste qui disait à tous avec quel bonheur son âme répondait au *Veni* de l'Epoux. Toujours sans parole, mais d'un regard doux et bon, elle donnait un assentiment plein de tendresse aux témoignages de sympathie de ses Mères, de ses sœurs et de ses enfants. A 5 heures, survinrent les ombres de la dernière agonie qui fut un sommeil, et à 1 heure du matin, mercredi 14 février, tout était consommé.

La nouvelle de cette mort si prompte et si inattendue se répandit bientôt et porta partout la plus profonde émotion. Mais quelle douloureuse surprise, à la conférence de l'après-midi, pour le plus grand nombre des anciennes élèves qui ignoraient encore le triste événement ! M. Perra, très ému lui-même, l'annonça en quelques mots profondément sentis :

« Le plus grand nombre d'entre vous l'ont appris : le bon Dieu vient de passer au milieu de nous... Il a choisi une âme, marquée depuis longtemps, et Il l'a emmenée...

« Dans ses derniers moments, elle souriait à la mort et à toutes celles qui l'approchaient. Sa douce et ferme espérance était bien fondée ; elle avait si longuement, si généreusement travaillé. Durant 45 années de professorat, je dirai volontiers de ministère, elle s'est dépensée totalement pour le salut des âmes et pour la gloire de Dieu.

« Vous savez quelle était sa bonté, son dévouement ; il n'a pas passé une élève dans la maison qu'elle n'ait aimée et à qui elle n'ait voulu faire du bien. Comme elle a été bonne, Dieu a été bon pour elle.

« Prions pour elle, et essayons de la suivre en marchant sur ses traces. »

CHAPITRE XVIII

QUELQUES FLEURS SUR SA TOMBE

MÈRE Joséphine n'est plus ! Cette nouvelle se répandait rapidement parmi toutes les personnes amies du Sacré Cœur ; beaucoup ne pouvaient y croire : ne l'avait-on pas vue, il y avait huit jours à peine, lors de la réunion des Enfants de Marie? Aussi quelle affluence à la maison mère des Chartreux, pendant les journées de mercredi et de jeudi ! Les anciennes élèves s'empressaient, voulant, une dernière fois, revoir ses traits chéris, entourer sa couche funèbre et y verser, avec leurs larmes et leurs prières, ces témoignages d'un attachement que la mort, loin de briser, consacrait à jamais.

Elle reposait maintenant, cette Mère bien-aimée dans le calme de l'éternel sommeil ; son regard était éteint, mais ses lèvres souriaient encore ; son visage, expressif jusque dans la mort, respirait la paix et la sérénité ; l'aurore du jour sans fin semblait jeter déjà un rayonnement sur son front. Elle était là, sous le regard de Marie-Immaculée, dans cette petite chapelle de la Vierge, œuvre de son cœur, où elle avait goûté tant de joies à parer, à saluer et à prier *sa bonne Mère!* Ses enfants étaient là aussi, plus près du ciel que de la terre, croyant entendre comme un écho de cette voix; elles se succédaient nombreuses, priaient longuement, cherchaient ses mains pour les baiser à l'envi et déposaient à ses pieds fleurs et couronnes embaumées.

Vendredi matin, jour des funérailles, quelle pieuse escorte! Plus de deux cents anciennes élèves, Enfants de Marie, parentes ou amies, sont accourues pour traduire, en les confondant, les sentiments de la douleur et de la reconnaissance. Celle que Dieu venait de rappeler n'avait-elle pas été l'ange visible de leur jeunesse, et l'accueil de cette belle âme au séjour de la béatitude pouvait-il être différé ? Aussi, tandis que les prières de l'Eglise s'élevaient vers le ciel, nos yeux et nos cœurs la cherchaient là-haut. A qui donc la couronne, si notre Mère vénérée ne l'avait obtenue déjà? Epouse de Celui qui a dit : « Laissez venir à moi les petits enfants », elle a consacré toutes les prédilections de son cœur à ces petits, à ces âmes candides et pures qui, au début du chemin, réclament un appui pour marcher en avant et s'élever jusqu'à la pratique de l'amour de Dieu.

Et, sous les portiques célestes, qui n'a entrevu toute une phalange de prédestinées s'avançant à la rencontre de la nouvelle élue, les unes pour ouvrir leur rang et accueillir une fille, une sœur bien-aimée, les autres pour saluer et fêter une Mère à qui elles sont redevables d'avoir soutenu le bon combat et gagné la récompense.

A ces éclatantes marques d'estime, données de vive voix, vint s'ajouter, dans les jours qui suivirent les funérailles, comme un concert unanime de profonds et affectueux regrets. Cette perte était ressentie au loin et, de tous côtés, arrivaient au Sacré-Cœur ces palpitants témoignages qui forment la plus éloquente oraison funèbre que nous puissions envier pour notre Mère vénérée. Ces pages sont l'expression irrécusable et vivante d'une respectueuse admiration ; aussi nous n'hésitons pas à en reproduire ici quelques-unes.

« Ce n'est pas sans une profonde douleur, écrivait une ancienne élève de Mère Joséphine, que je me fais à l'idée de ne plus revoir ici-bas cette maîtresse parfaite que je n'oublierai jamais : la connaître c'était l'aimer ! Sa couronne doit être bien belle ; Dieu seul sait le bien qu'elle a fait ici-bas et Il l'en récompense sûrement aujourd'hui. Elle est tombée les armes à la main et l'énergie, ce mot qui, sur ses lèvres, avait une singulière puissance, aura été, jusqu'à son dernier souffle, comme une prédication. Quelle perte pour toutes, mais quels souvenirs et quels encouragements dans cette vie d'immolation fervente à Dieu, de zèle pour le salut des âmes ! Je la vois encore se prodiguant pour former, à son exemple, les âmes qui lui étaient confiées, ne se laissant jamais décourager, quand la légèreté de l'âge ou les entêtements de natures ingrates mettaient obstacle à son apostolat.

« Ce n'était pas seulement pour quelques mois, quelques années, qu'elle imprimait en chacune de ses élèves ses fortes et salutaires leçons, mais pour l'existence entière. Il n'est pas un jour de ma vie où je ne me rappelle un mot, un conseil, une lumière qui, jetés par notre chère maîtresse, saisis comme au hasard et souvent incompris alors, ne servent puissamment, après tant d'années, à diriger et à éclairer ma route. »

Citons encore les fragments d'une autre lettre sur ce même sujet :

« Hélas ! tout est fini ! Je n'aurai plus le bonheur de lire ces lignes si affectueuses, si maternelles, qui relevaient mon courage et ranimaient ma piété ; ces lignes écrites, y voyant à peine, me prouvaient, d'une manière touchante, son amour et son dévouement. C'est à elle seule que je dois le peu de bon que j'ai acquis ; elle a jeté dans mon cœur cette foi vive, que nulle comme elle ne savait inspirer. J'ai encore présentes à la mémoire les instructions pieuses qu'elle nous donnait avec une affectueuse autorité. Tout en la craignant, on l'aimait tant ! Que n'ai-je pu entourer de fleurs sa dépouille mortelle, que n'ai-je pu baiser une dernière fois ces mains qui ont serré les miennes avec tant d'effusion et de tendresse ! J'ai souvent demandé à Notre-Seigneur qu'Il la récompense du bien qu'elle m'a fait ; aussi je ne puis croire que le ciel ne lui ait été ouvert déjà. »

Dans d'autres termes, ce seront encore les mêmes sentiments qui seront exprimés :

« C'est près de notre divin Maître que je vais épancher ma peine et prier pour ma chère Mère et Maîtresse. Je lui ai, tout aussitôt, par Lui, confié les secrets de mon âme et il me semble qu'elle m'a déjà répondu. Elle m'a toujours donné tant de preuves de son affection ! C'est elle qui a fixé mon âme dans l'amour et dans le service du Sacré Cœur de Jésus, au moment où cette pauvre âme indécise ne savait découvrir sa voie. »

Terminons par cette citation plus caractérisée encore et qui aura son écho dans bien des cœurs.

« Il me semble que cette chère Mme Joséphine ne pourra oublier auprès de Dieu son ancienne enfant qui lui doit tout ! J'ai eu peu de correspondance avec elle, tout en lui restant unie de cœur. Ma position, depuis mon mariage, m'ayant conduite en pays étranger, et ma nombreuse famille ayant absorbé tous mes instants, bien des années se sont écoulées sans qu'une preuve écrite ou verbale de notre affection mutuelle ait eu l'occasion de se produire. Mais toujours, au fond de mon âme, sont restés gravés ses sages conseils ; sa direction a survécu dans mes souvenirs et *je lui dois tout le bonheur de ma vie!*

« Si je suis sortie saine et sauve de bien des périls, c'est à elle que j'en suis redevable. Oui, je le dis de toutes mes forces, c'est sa ferme direction qui, nous portant toujours au devoir, a fait de nous des femmes fidèles aux principes chrétiens. Grâce à l'impulsion qu'elle nous a donnée, aux horizons qu'elle a ouverts devant nous, nous avons marché dans la vie, non pas pour en jouir, mais pour nous dévouer et pour établir Dieu, le Maître, le Père, et l'Ami de la famille !

« Que ce témoignage sincère de ma vive affection soit publié dans la notice que vous lui préparez ; je vous en donne une absolue autorisation, et que dans le ciel où elle habite, sa belle âme en soit réjouie. »

Il nous restait encore un désir. Le sanctuaire que Mère Joséphine avait élevé, avec le concours de ses enfants, à notre divine Immaculée, cet autel où jamais n'avait coulé le sang de l'Agneau sans qu'elle y mêlat les larmes de sa piété et de son amour, pouvaient-ils rester étrangers à nos douloureux souvenirs? Le mardi 20 février, quelques privilégiées vinrent, dans cette chapelle bénie, s'unir au saint sacrifice offert pour le repos de l'âme de celle que nous pleurions.

M. l'abbé Perra, qui avait assisté la chère mourante, voulut bien consoler et relever nos âmes en nous parlant de cette Mère vénérée dans des termes touchants que nous rappellerons ici.

« Ce que j'essaierai de faire en ce moment, ce sera une sorte d'interprétation et comme le résumé des sentiments de tous les cœurs. Car enfin, ce n'est pas seulement un souvenir que nous retrouvons ici, c'est une présence... Oui, elle remplit encore cette chapelle; nous la voyons ici priant, ici se reposant sous le regard de sa bonne Mère, ici conversant avec elle et lui disant : O ma divine Mère, que vous êtes bonne! que je vous aime !

« Oui, il est bon, à vous qui l'avez mieux connue, mieux appréciée, l'ayant approchée de plus près, qui avez reçu d'elle davantage, de vous réunir en ce moment pour acquitter par la prière une dette de reconnaissance, et de recueillir les leçons de ce grand et cher souvenir.

« A vous, plus qu'à d'autres, elle a donné son cœur. Ce cœur, qu'il était bon, large, tendre, profond! Vous en avez fait l'expérience, quand vous la rendiez confidente de vos bons désirs, de vos résolutions généreuses, quand, plus souvent encore, elle s'en faisait elle-même l'inspiratrice et l'auxiliatrice.

« Et moi qui ai pu étudier aussi ce cœur de bien près et y pénétrer, j'ai admiré souvent cette puissance d'affection toute céleste, cette constance, cette fidélité dans l'amour. Où les avait-elle puisées? Sans doute, le bon Dieu l'avait enrichie exceptionnellement de dons naturels; mais le mobile de ce cœur si ardent, si dévoué, c'était la charité de Notre-Seigneur qu'elle puisait à la source infinie.

« Elle écrivait un jour : « La charité de mon Sau-
« veur me presse ; il faut que je me donne, que je
« me livre, et cela non seulement par la prière et la
« parole, mais par le bon exemple. » Et ce sentiment se répandait dans tous ses actes.

« Dès son noviciat, elle avait été frappée de cette salutaire pensée : Il faut que je me convertisse; et depuis, chaque retraite, chaque circonstance solennelle lui faisait répéter cette même parole : « Il faut que je me
« convertisse. » Vous comprenez dans quels sens ! Il faut que je lutte, voulait-elle dire; il faut que je monte ! Et elle déployait, avec une nouvelle ardeur, toute l'énergie, toute la volonté, toute la vie de sa grande âme pour monter plus haut.

« En avançant dans la voie, les sentiers deviennent plus étroits, plus rudes; la pente est plus âpre. Elle le sentait, cette âme généreuse; mais elle ne s'en décourageait pas et, regardant le sommet, elle se disait :
« Courage, courage ! Montons encore, montons tou-
« jours ! Mon Jésus est là-haut ! il me regarde.. il
« m'attend.. il m'appelle ! Encore quelques efforts,
« encore quelques pas, et nous toucherons le but,
« et nous serons unis pour l'éternité. »

« Que cette pensée est consolante ! », s'écriait-elle. Nous le répéterons, Mesdames, après elles. Le ciel !

C'est là que nous aborderons Jésus, que nous le verrons, que nous en jouirons! Si alors nous pouvons éprouver quelque regret, ce serait celui de ne l'avoir pas assez aimé ici-bas, de ne pas avoir assez souffert pour Lui... Qu'importe que nous soyons méconnus, oubliés, brisés et ruinés! Tout cela passe, mais Jésus reste... Qu'il soit aimé maintenant, possédé un jour, voilà tout notre désir, tout le mouvement de notre vie. Vivons les yeux en haut; vivons en travaillant, en espérant, en aimant... »

TABLE DES MATIÈRES

Lyon. — Imprimerie Emmanuel VITTE.

www.ingramcontent.com/pod-product-compliance
Ingram Content Group UK Ltd.
Pitfield, Milton Keynes, MK11 3LW, UK
UKHW021138260726
13994UKWH00001B/198